VECTOR PATTERN LIBRARY

**GREEN
EDITION**

At Dover Publications we're committed to producing books in an earth-friendly manner and to helping our customers make greener choices.

Manufacturing books in the United States ensures compliance with strict environmental laws and eliminates the need for international freight shipping, a major contributor to global air pollution. And printing on recycled paper helps minimize our consumption of trees, water and fossil fuels.

The text of this book was printed on paper made with 10% post-consumer waste and the cover was printed on paper made with 10% post-consumer waste. At Dover, we use Environmental Defense's Paper Calculator to measure the benefits of these choices, including: the number of trees saved, gallons of water conserved, as well as air emissions and solid waste eliminated.

Please visit the product page for *Vector Pattern Library* at www.doverpublications.com to see a detailed account of the environmental savings we've achieved over the life of this book.

ISBN-13: 978-0-486-99107-8
ISBN-10: 0-486-99107-5

Manufactured in the United States by Courier Corporation
99107501
www.doverpublications.com

VECTOR
PATTERN
LIBRARY

200 VECTOR PATTERNS

DOVER PUBLICATIONS, INC. | Mineola, New York

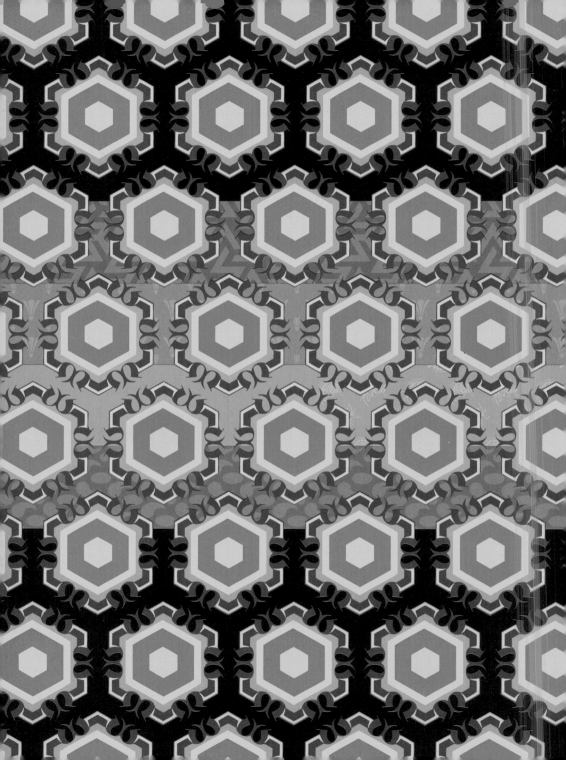

Using this Book and CD

This book and CD combination is meant to serve the dual function of inspiration and graphical resource. Within the book you will find three color illustrations of each of two hundred unique patterns. These color versions are meant to be used as is, or as a starting point for developing your own color scheme.

All of the patterns have been extracted from traditional designs, or composed using elements from traditional sources. Our objective is to furnish the fundamental shapes that comprise these designs, to be used as a "skeleton" for further development.

Included on the CD are the structural designs from which the book's illustrations are made; these are saved on the disc in three vector formats: Adobe Illustrator (AI), EPS and SVG. The AI files are best used with that software program; EPS files work with a wide variety of vector-editing software programs such as Corel Draw Suite and Adobe Illustrator; SVG files work well with the open-source program, Inkscape. A non-vector, JPG version of each image is also supplied on the CD. In addition to the three color versions of each pattern shown in the book, the CD also includes a grayscale version of each.

Beneath each illustration you will find convenient color formulas for all of the colors used in the illustration, these color formulas are expressed in CMYK and RGB color modes. They can be used in graphics programs that use a "color picker" to create colors.

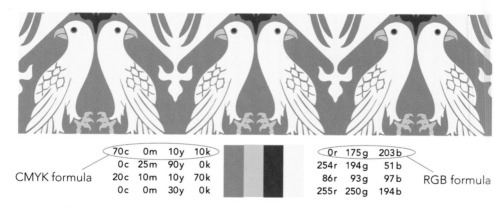

CMYK formula					RGB formula		
70c	0m	10y	10k		0r	175g	203b
0c	25m	90y	0k		254r	194g	51b
20c	10m	10y	70k		86r	93g	97b
0c	0m	30y	0k		255r	250g	194b

When a color is present in an illustration, but does not appear in the formula bar, the color is a **background color**, used for the purposes of the printed book, but not for the image files on the CD. Formulas for these background colors can be found on the CD in the file called **background_colors.pdf**.

Changing pattern colors in Adobe Illustrator

First, open either the EPS or AI version of your chosen image in Adobe Illustrator, by selecting: **File>Open**. Then, navigate to the appropriate folder and file on the Dover CD.

Next, with that image file open on screen, choose: **Window>Swatches**. The swatches palette appears. In it you will see swatches of each of the 2-4 colors that are used in the version of the image which you have opened. **Double-click** on the swatch that you wish to change, this opens the Swatch Options dialogue box.

In this dialogue box, be sure that the color mode is set to CMYK; the color can be altered by moving the sliders. By checking the Preview option it is possible to instantly view the changes in color as you make them. Once the color is changed to your liking click **OK**.

Each of the colors in the image can be changed by this method. Remember to save the image before closing.

Opening an EPS Vector Image in Adobe Photoshop

Launch Adobe Photoshop. On the top menu bar select: **File>Open**. In the Open window, navigate to the EPS folder which is in the Vector folder on the Dover CD; find and select the EPS vector file that you want to work with in Photoshop, then click the Open button.

The Rasterize Generic EPS Format window appears on screen. In this window you are able to indicate a dimensional size, resolution and color mode for the image that you are opening; be sure to select a size that is large enough to suit your purpose. A typical resolution for color printing is 300 dpi, and the usual color mode for home printing is RGB color. After making these selections click on OK, the image will open in Photoshop. Because you are rasterizing the EPS, you will not be able to scale the image again without losing quality.

Placing a EPS Vector in Adobe Photoshop

EPS files can also be inserted into existing Photoshop compositions. First, open a new or existing Photoshop document. On the top menu bar select **File>Place**. The Place window appears; navigate to the appropriate folder in the EPS folder, which is in the Vector folder on the Dover CD; locate the image that you want to place, and click the Place button. The EPS vector will appear within your blank document and will retain many of its vector qualities until it is rasterized. In Photoshop, this is called a Smart Object, since you can still edit it in its native format with a program such as Adobe Illustrator. Read more about Smart Objects in your Photoshop Web Help or the manual that accompanied your software.

0c	0m	30y	0k		255r	250g	194b
80c	0m	0y	80k		0r	65g	89b
20c	0m	10y	0k		202r	232g	229b
70c	0m	20y	0k		25r	190g	207b

0c	0m	30y	10k		234r	227g	177b
50c	50m	50y	50k		82r	74g	72b
10c	10m	10y	10k		205r	201g	200b
0c	80m	70y	20k		199r	74g	64b

0c	0m	10y	10k		232r	229g	211b
80c	80m	80y	80k		16r	9g	6b
80c	60m	20y	0k		73r	106g	154b
0c	0m	75y	20k		215r	202g	106b

				16r	9g	6b
80c	80m	80y	80k	234r	227g	177b
0c	0m	30y	10k	0r	128g	165b
75c	0m	0y	40k	230r	187g	122b
0c	20m	60y	10k			

				106r	96g	93b
50c	50m	50y	30k	0r	40g	47b
80c	40m	80y	80k	103r	193g	140b
60c	0m	60y	0k	255r	250g	194b
0c	0m	30y	0k			

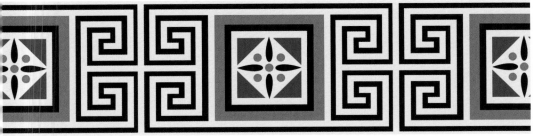

				245r	237g	184b
0c	0m	30y	5k	131r	130g	131b
10c	10m	10y	50k	159r	37g	54b
0c	90m	60y	40k	44r	38g	36b
50c	50m	50y	80k			

```
60c    0m   30y    0k              91r  196g  190b
 0c   15m   20y   70k             109r   95g   87b
10c   20m   50y   20k             189r  165g  118b
 5c   10m   30y    5k             228r  211g  175b
```

```
0c   80m  100y    0k              241r   90g   34b
0c   55m   70y    0k              246r  141g   89b
0c   35m   50y    0k              250r  179g  131b
0c   15m   30y    0k              255r  219g  180b
```

```
60c   60m   10y   40k              80r   74g  113b
15c   80m   30y   40k             141r   55g   84b
20c   20m    0y   20k             166r  164g  190b
 0c   10m   60y   10k             233r  204g  117b
```

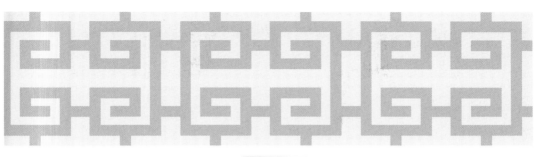

30c	0m	0y	40k	114r	151g	169b
40c	0m	0y	10k	129r	196g	226b
0c	0m	20y	5k	244r	238g	203b

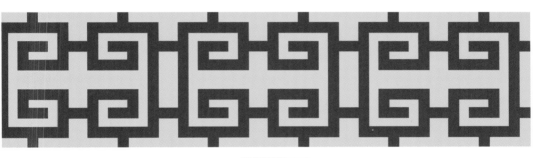

0c	50m	70y	60k	125r	73g	40b
0c	40m	60y	20k	205r	140g	93b
0c	20m	70y	0k	255r	205g	103b

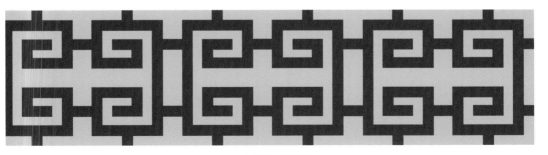

60c	15m	60y	50k	60r	102g	77b
60c	50m	70y	40k	81r	82g	65b
30c	0m	70y	0k	186r	216g	118b

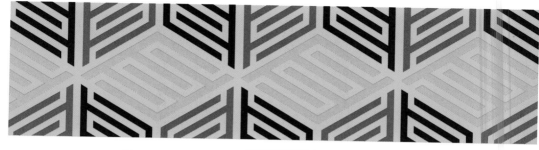

20c	0m	0y	20k
50c	0m	0y	50k
80c	0m	0y	80k

165r	195g	210b
61r	123g	148b
0r	65g	89b

20c	0m	70y	20k
50c	0m	50y	50k
80c	0m	80y	80k

174r	187g	97b
71r	120g	93b
0r	63g	30b

0c	20m	0y	20k
0c	50m	0y	50k
0c	80m	0y	80k

206r	177g	192b
143r	88g	115b
86r	9g	52b

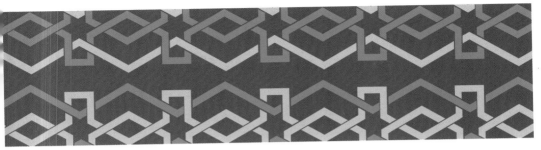

| 80c | 0m | 50y | 0k | | 0r | 180g | 156b |
| 10c | 10m | 10y | 10k | | 205r | 201g | 200b |

| 40c | 0m | 0y | 40k | | 94r | 145g | 168b |
| 0c | 0m | 20y | 20k | | 212r | 208g | 179b |

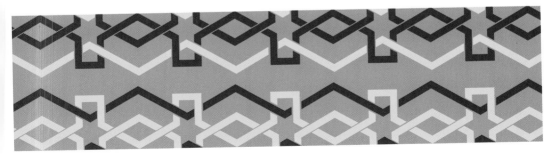

| 40c | 80m | 0y | 40k | | 109r | 51g | 109b |
| 0c | 25m | 20y | 0k | | 251r | 201g | 188b |

13

70c	30m	60y	40k		57r	99g	83b
25c	10m	40y	20k		161r	171g	139b
5c	0m	40y	20k		201r	201g	146b

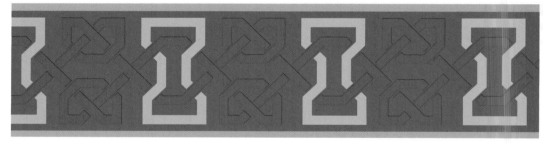

20c	100m	50y	0k		200r	33g	93b
60c	0m	30y	0k		91r	196g	190b
0c	10m	100y	10k		234r	200g	0b

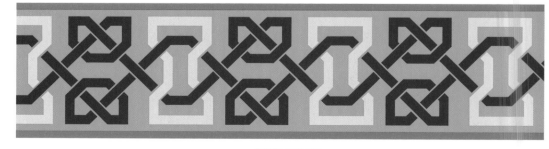

100c	70m	0y	0k		0r	91g	171b
100c	0m	0y	0k		0r	174g	239b
35c	0m	0y	0k		157r	220g	249b

90c	40m	50y	5k	0r	120g	125b
0c	0m	20y	20k	212r	208g	179b
50c	0m	70y	60k	62r	103g	60b

30c	60m	80y	5k	176r	114g	73b
0c	0m	20y	5k	244r	238g	203b
70c	70m	60y	10k	98r	87g	94b

20c	20m	20y	0k	204r	194g	192b
25c	0m	20y	5k	181r	215g	201b
50c	0m	40y	15k	110r	177g	152b

0c	80m	100y	0k	241r	90g	34b
0c	0m	30y	10k	234r	227g	177b
0c	80m	80y	80k	84r	16g	0b

45c	90m	0y	0k	153r	63g	152b
0c	0m	25y	0k	255r	251g	204b
0c	15m	100y	0k	255r	212g	0b

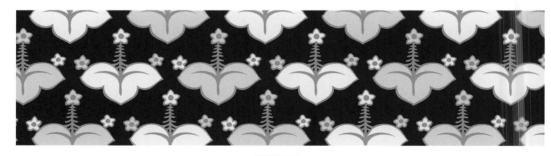

35c	0m	10y	30k	120r	165g	172b
35c	0m	20y	0k	164r	218g	210b
15c	0m	10y	0k	215r	237g	230b

70c	20m	0y	20k
10c	0m	10y	0k
15c	0m	60y	0k
10c	0m	0y	10k

45r	137g	185b
227r	242g	231b
222r	231g	135b
203r	221g	230b

25c	60m	100y	40k
5c	20m	50y	0k
0c	0m	50y	0k
0c	10m	10y	10k

189r	80g	23b
240r	203g	141b
255r	247g	153b
229r	209g	201b

65c	90m	0y	0k
45c	60m	0y	0k
20c	30m	0y	0k
10c	20m	0y	0k

117r	64g	153b
148r	116g	180b
199r	178g	214b
223r	204g	228b

65c	0m	40y	30k		53r	145g	132b
25c	0m	30y	20k		159r	188g	161b
10c	5m	30y	5k		217r	216g	179b
40c	0m	0y	0k		142r	216g	248b

0c	100m	80y	70k		104r	0g	1b
40c	60m	80y	10k		151r	106g	71b
0c	10m	30y	30k		189r	170g	139b
5c	10m	30y	5k		228r	211g	175b

80c	0m	0y	80k		0r	65g	89b
0c	0m	30y	10k		234r	227g	177b
0c	36m	0y	10k		223r	164g	191b
30c	0m	0y	10k		155r	204g	227b

45c	30m	70y	40k
25c	10m	40y	20k
5c	0m	40y	0k
0c	0m	10y	20k

100r	106g	70b
161r	171g	139b
244r	243g	174b
211r	210g	194b

0c	60m	100y	40k
0c	50m	100y	0k
0c	35m	70y	0k
0c	5m	20y	0k

162r	85g	11b
247r	147g	30b
251r	177g	97b
255r	239g	207b

60c	0m	10y	30k
40c	0m	10y	20k
30c	0m	10y	10k
15c	0m	5y	5k

58r	150g	170b
122r	179g	190b
158r	203g	208b
203r	226g	228b

80c	0m	0y	10k		0r	169g	220b
40c	0m	0y	5k		135r	205g	235b

0c	90m	80y	40k		158r	39g	35b
10c	10m	10y	30k		168r	166g	166b

0c	30m	80y	40k		166r	123g	48b
10c	10m	10y	40k		150r	148g	148b

| 70c | 70m | 10y | 10k | | 94r | 87g | 144b |
| 0c | 0m | 20y | 20k | | 212r | 208g | 179b |

| 60c | 30m | 0y | 10k | | 93r | 141g | 192b |
| 0c | 0m | 60y | 20k | | 214r | 204g | 112b |

| 20c | 70m | 10y | 10k | | 182r | 98g | 143b |
| 20c | 0m | 20y | 20k | | 169r | 192g | 177b |

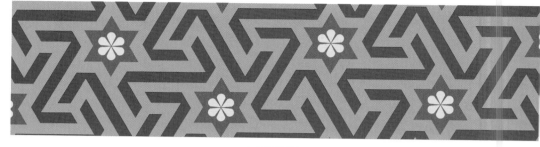

50c	0m	0y	50k		61r	123g	148b
0c	0m	60y	70k		111r	106g	55b
0c	0m	10y	10k		232r	229g	135b

30c	0m	80y	50k		106r	127g	53b
50c	50m	50y	50k		82r	74g	72b
0c	0m	10y	10k		232r	229g	211b

10c	0m	0y	50k		130r	143g	151b
0c	70m	70y	70k		105r	42g	23b
0c	0m	40y	10k		234r	225g	159b

50c	0m	0y	90k		6r	52g	66b
44c	10m	10y	10k		128r	177g	196b

0c	70m	0y	60k		124r	53g	88b
10c	10m	10y	20k		187r	184g	183b

50c	0m	60y	90k		11r	50g	28b
10c	10m	60y	10k		209r	195g	118b

15c	40m	100y	30k
30c	0m	15y	15k
90c	60m	30y	0k
0c	0m	0y	10k

161r	118g	25b
153r	194g	193b
40r	104g	143b
230r	231g	232b

10c	10m	10y	40k
0c	45m	25y	0k
10c	5m	30y	5k
50c	30m	40y	50k

150r	148g	148b
247r	161g	161b
217r	216g	179b
78r	93g	89b

10c	65m	30y	20k
30c	0m	15y	0k
0c	20m	50y	10k
5c	10m	30y	0k

183r	99g	115b
175r	222g	220b
230r	188g	128b
241r	223g	184b

					130r	168g	173b
30c	0m	10y	30k		130r	168g	173b
15c	0m	5y	5k		203r	226g	228b
0c	10m	50y	0k		255r	226g	146b
80c	50m	10y	10k		55r	108g	159b

90c	0m	50y	30k		0r	133g	119b
65c	0m	40y	0k		76r	192g	173b
40c	0m	30y	0k		153r	212g	191b
10c	0m	10y	0k		227r	242g	231b

55c	60m	0y	30k		97r	85g	137b
20c	30m	0y	10k		181r	162g	195b
10c	10m	50y	0k		231r	216g	147b
35c	0m	10y	0k		141r	191g	199b

60c	0m	0y	40k		43r	135g	166b
60c	0m	0y	0k		68r	200g	245b
0c	0m	40y	20k		213r	206g	146b
0c	0m	70y	80k		88r	84g	31b

10c	10m	60y	70k		98r	93g	53b
20c	0m	70y	0k		211r	225g	116b
10c	10m	30y	10k		207r	199g	168b
0c	70m	40y	0k		242r	114g	121b

0c	0m	50y	0k		255r	247g	153b
90c	20m	0y	0k		0r	153g	218b
0c	20m	90y	10k		231r	185g	46b
25c	60m	100y	40k		129r	80g	23b

0c	20m	0y	0k		250r	213g	229b
20c	80m	0y	0k		198r	87g	160b
40c	40m	40y	10k		147r	135g	131b
60c	0m	20y	60k		35r	103g	109b

0c	20m	60y	10k		230r	187g	112b
0c	66m	78y	0k		244r	120g	71b
10c	10m	10y	80k		77r	76g	77b
0c	0m	20y	0k		255r	252g	213b

0c	30m	30y	0k		251r	190g	167b
10c	0m	20y	30k		169r	180g	161b
0c	60m	70y	0k		245r	131g	87b
0c	0m	80y	80k		88r	84g	15b

| 40c | 5m | 30y | 0k | | 155r | 202g | 186b |
| 0c | 0m | 20y | 20k | | 212r | 208g | 179b |

   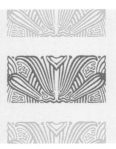 

| 15c | 45m | 0y | 30k | | 158r | 116g | 150b |
| 0c | 40m | 30y | 0k | | 248r | 170g | 158b |

| 0c | 10m | 30y | 0k | | 255r | 228g | 184b |
| 10c | 40m | 60y | 10k | | 205r | 147g | 103b |

15c 50m 0y 10k   190r 132g 175b
5c 10m 30y 10k   218r 202g 168b

60c 0m 10y 10k   72r 181g 205b
0c 0m 10y 10k   232r 229g 211b

0c 80m 100y 0k   241r 90g 34b
0c 0m 30y 10k   234r 227g 177b

15c	70m	20y	35k		150r	76g	104b
0c	10m	20y	30k		188r	171g	153b
0c	30m	70y	5k		239r	177g	94b

40c	10m	0y	0k		146r	197g	235b
0c	100m	0y	0k		236r	0g	140b
60c	40m	0y	15k		95r	123g	175b

45c	0m	50y	35k		100r	147g	112b
65c	0m	40y	0k		76r	192g	173b
15c	0m	55y	0k		222r	232g	145b

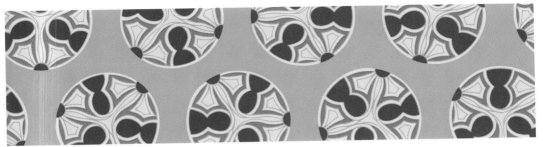

80c	80m	10y	0k		85r	80g	149b
50c	0m	10y	30k		86r	156g	171b
10c	0m	60y	0k		234r	235g	134b
10c	10m	10y	0k		226r	221g	218b

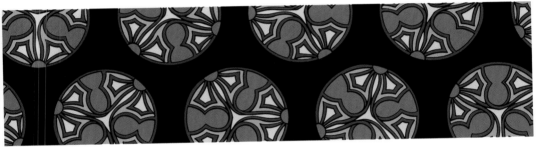

10c	80m	10y	20k		181r	72g	123b
0c	10m	10y	30k		188r	172g	166b
0c	25m	70y	0k		254r	196g	101b
80c	80m	80y	0k		91r	81g	79b

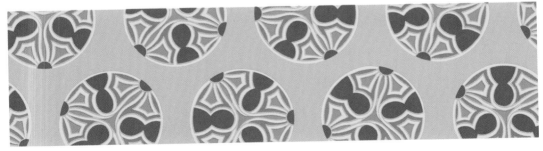

30c	40m	10y	40k		120r	104g	126b
35c	10m	10y	30k		123r	151g	164b
0c	65m	50y	5k		230r	116g	106b
0c	5m	100y	0k		255r	230g	0b

| 5c | 45m | 0y | 0k | | 231r | 160g | 198b |
| 20c | 4m | 25y | 0k | | 205r | 222g | 197b |

| 15c | 45m | 75y | 0k | | 216r | 150g | 87b |
| 0c | 15m | 25y | 0k | | 254r | 220g | 189b |

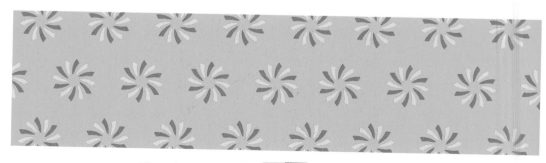

| 10c | 0m | 20y | 5k | | 217r | 228g | 202b |
| 50c | 10m | 30y | 20k | | 107r | 157g | 153b |

0c	0m	10y	60k		129r	129g	121b
0c	50m	0y	10k		221r	139g	176b
30c	0m	30y	10k		163r	201g	175b

60c	0m	10y	60k		31r	103g	118b
0c	10m	60y	10k		233r	204g	117b
20c	0m	50y	10k		189r	207g	141b

10c	10m	10y	40k		150r	148g	148b
30c	30m	30y	70k		77r	73g	72b
0c	90m	80y	10k		216r	59g	55b

100c	50m	0y	0k
80c	20m	0y	0k
20c	5m	0y	0k
0c	15m	70y	0k

0r	113g	188b
0r	158g	219b
199r	223g	244b
255r	215g	105b

50c	30m	40y	50k
10c	65m	40y	0k
10c	5m	40y	10k
10c	30m	90y	0k

78r	93g	89b
221r	119g	125b
209r	206g	154b
230r	178g	58b

5c	10m	30y	0k
0c	20m	50y	10k
33c	20m	50y	9k
10c	65m	30y	0k

241r	223g	184b
230r	188g	128b
163r	168g	131b
221r	119g	138b

65c 90m   0y   0k   117r   64g   153b
45c 60m   0y   0k   148r 116g   180b

30c 90m   0y   0k   179r   63g   151b
50c 80m 20y 40k   97r   51g   93b

0c 30m 70y 10k   228r 169g   91b
0c 30m 70y 40k   166r 124g   65b

| 70c | 20m | 50y | 20k | | 67r | 134g | 120b |
| 35c | 10m | 10y | 0k | | 164r | 200g | 216b |

| 0c | 45m | 50y | 0k | | 248r | 160g | 124b |
| 30c | 0m | 72y | 50k | | 106r | 127g | 65b |

| 35c | 0m | 0y | 20k | | 131r | 184g | 208b |
| 80c | 10m | 10y | 70k | | 0r | 74g | 95b |

40c	0m	40y	40k		102r	142g	118b
0c	0m	70y	30k		192r	182g	84b
0c	5m	40y	0k		255r	236g	169b

15c	0m	30y	0k		218r	235g	193b
5c	0m	40y	30k		180r	181g	132b
25c	10m	40y	30k		144r	154g	125b

5c	10m	30y	0k		241r	223g	184b
10c	20m	50y	20k		189r	165g	118b
25c	60m	100y	40k		129r	80g	23b

37

| 60c | 0m | 30y | 0k | | 91r | 196g | 190b |
| 20c | 10m | 50y | 0k | | 208r | 208g | 147b |

| 0c | 55m | 90y | 0k | | 246r | 139g | 51b |
| 20c | 40m | 50y | 20k | | 170r | 131g | 107b |

| 65c | 0m | 40y | 30k | | 53r | 145g | 132b |
| 40c | 0m | 30y | 0k | | 153r | 212g | 191b |

| 90c | 60m | 0y | 10k | | 18r | 95g | 163b |
| 10c | 0m | 60y | 20k | | 192r | 195g | 113b |

| 15c | 0m | 10y | 0k | | 215r | 237g | 230b |
| 0c | 40m | 40y | 10k | | 225r | 154g | 131b |

| 0c | 25m | 80y | 20k | | 209r | 162g | 64b |
| 30c | 10m | 10y | 30k | | 132r | 154g | 164b |

50c	10m	10y	20k		102r	158g	180b
90c	60m	0y	10k		18r	95g	163b
10c	10m	80y	20k		192r	177g	70b
10c	20m	80y	50k		133r	115g	45b

0c	40m	100y	10k		226r	151g	23b
0c	40m	100y	50k		144r	96g	0b
0c	10m	80y	20k		212r	184g	67b
30c	0m	40y	0k		181r	219g	174b

0c	10m	20y	30k		188r	171g	153b
10c	10m	40y	20k		190r	181g	139b
40c	10m	50y	20k		132r	161g	124b
10c	10m	70y	40k		152r	143g	72b

0c	90m	100y	20k	197r	54g	28b
0c	60m	60y	10k	221r	219g	92b
0c	40m	40y	10k	225r	154g	131b
0c	20m	20y	10k	228r	191g	176b

0c	25m	90y	0k	254r	194g	51b
20c	20m	60y	20k	172r	159g	105b
35c	0m	50y	0k	171r	214g	155b
0c	5m	30y	0k	255r	238g	188b

70c	50m	30y	30k	72r	91g	113b
60c	10m	20y	40k	62r	123g	135b
40c	0m	10y	20k	122r	179g	190b
35c	0m	20y	0k	164r	218g	210b

40c	5m	50y	40k
10c	10m	40y	10k
10c	5m	40y	0k
10c	60m	30y	0k

104r	135g	102b
208r	197g	151b
231r	226g	169b
244r	133g	141b

25c	60m	100y	40k
0c	10m	100y	10k
0c	5m	50y	0k
10c	60m	100y	0k

129r	80g	23b
234r	200g	0b
255r	235g	149b
224r	126g	39b

30c	30m	0y	10k
0c	10m	20y	70k
0c	5m	20y	50k
5c	10m	30y	0k

160r	156g	194b
110r	99g	89b
148r	140g	124b
241r	223g	184b

10c	10m	0y	30k		166r	166g	181b
10c	10m	0y	10k		203r	202g	218b
30c	0m	0y	30k		128r	169g	188b
0c	5m	10y	20k		210r	199g	188b

30c	0m	10y	0k		174r	223g	228b
20c	0m	100y	0k		215r	223g	35b
10c	0m	40y	0k		232r	238g	174b
10c	0m	10y	50k		132r	142g	138b

30c	10m	40y	20k		151r	168g	139b
20c	40m	60y	10k		187r	143g	104b
0c	20m	70y	0k		255r	205g	103b
10c	60m	10y	50k		130r	74g	99b

| 40c | 30m | 0y | 20k | | 128r | 139g | 178b |
| 0c | 0m | 60y | 10k | | 236r | 223g | 122b |

| 40c | 80m | 0y | 10k | | 147r | 76g | 147b |
| 0c | 30m | 0y | 0k | | 248r | 193g | 217b |

| 80c | 20m | 60y | 0k | | 40r | 154g | 130b |
| 30c | 0m | 10y | 0k | | 174r | 223g | 228b |

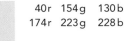

10c 40m 100y 0k   228r 160g 37b
10c 20m 50y 0k   229r 199g 141b

45c 0m 30y 20k   115r 174g 161b
15c 0m 30y 0k   218r 235g 193b

50c 80m 20y 40k   97r 51g 93b
10c 40m 0y 10k   200r 151g 186b

60c	0m	100y	0k
15c	0m	70y	70k
0c	65m	20y	0k
0c	45m	25y	0k

114r	191g	68b
93r	100g	46b
242r	124g	150b
247r	161g	161b

80c	20m	0y	0k
35c	0m	0y	60k
15c	0m	0y	10k
0c	50m	100y	0k

0r	158g	219b
78r	114g	130b
192r	217g	230b
247r	147g	30b

30c	40m	10y	40k
30c	30m	10y	20k
10c	30m	10y	10k
10c	30m	100y	0k

120r	104g	126b
149r	143g	164b
203r	167g	180b
230r	177g	34b

| 0c | 65m | 60y | 0k | | 244r | 122g | 99b |
| 0c | 10m | 10y | 30k | | 188r | 172g | 166b |

| 90c | 80m | 40y | 0k | | 63r | 80g | 120b |
| 0c | 0m | 30y | 11k | | 232r | 225g | 176b |

| 90c | 20m | 60y | 0k | | 0r | 149g | 130b |
| 0c | 10m | 40y | 20k | | 211r | 188g | 139b |

| 20c | 100m | 50y | 0k | | 200r | 33g | 93b |
| 0c | 0m | 10y | 20k | | 211r | 210g | 194b |

| 90c | 0m | 40y | 0k | | 0r | 175g | 173b |
| 0c | 0m | 30y | 10k | | 234r | 227g | 177b |

| 25c | 0m | 90y | 20k | | 165r | 182g | 56b |
| 0c | 0m | 60y | 10k | | 236r | 223g | 122b |

| 0c | 0m | 35y | 35k | | 181r | 176g | 132b |
| 10c | 0m | 0y | 10k | | 203r | 221g | 230b |

| 80c | 0m | 35y | 35k | | 0r | 131g | 131b |
| 0c | 0m | 30y | 10k | | 234r | 227g | 177b |

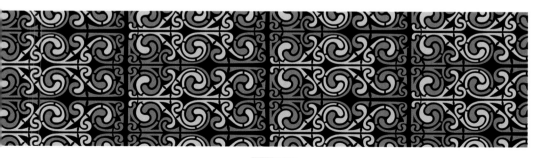

| 10c | 80m | 12y | 10k | | 198r | 80g | 132b |
| 10c | 10m | 10y | 10k | | 205r | 201g | 200b |

0c	0m	50y	50k		149r	144g	90b
0c	30m	0y	0k		248r	193g	217b

90c	0m	50y	50k		0r	105g	94b
0c	10m	10y	30k		188r	172g	166b

30c	80m	20y	20k		152r	70g	115b
0c	10m	40y	10k		232r	206g	151b

90c	0m	0y	40k		0r	122g	164b
0c	0m	10y	30k		189r	188g	175b
0c	0m	100y	20k		216r	200g	0b

10c	30m	0y	10k		201r	168g	196b
0c	60m	10y	10k		220r	122g	152b
0c	80m	100y	70k		105r	30g	0b

0c	30m	30y	80k		87r	63g	55b
70c	0m	40y	0k		51r	188g	173b
10c	10m	10y	10k		205r	201g	200b

15c	50m	0y	10k		190r	132g	175b
25c	0m	30y	20k		159r	188g	161b
0c	35m	70y	0k		251r	177g	97b
0c	5m	20y	10k		231r	217g	189b

55c	60m	0y	30k		97r	85g	137b
30c	50m	0y	20k		149r	115g	160b
5c	50m	10y	10k		210r	136g	161b
15c	0m	60y	0k		222r	231g	135b

45c	10m	10y	40k		91r	130g	146b
35c	0m	20y	0k		164r	218g	210b
0c	25m	90y	0k		254r	194g	51b
0c	5m	100y	0k		255r	230g	0b

| 0c | 80m | 0y | 10k | | 216r | 81g | 146b |
| 10c | 10m | 10y | 10k | | 205r | 201g | 200b |

| 90c | 20m | 20y | 10k | | 0r | 139g | 171b |
| 5c | 5m | 5y | 20k | | 197r | 195g | 196b |

| 0c | 50m | 60y | 10k | | 223r | 136g | 97b |
| 10c | 10m | 20y | 20k | | 188r | 183g | 169b |

53

| 60c | 0m | 0y | 20k | | 58r | 167g | 204b |
| 5c | 5m | 5y | 20k | | 197r | 195g | 196b |

| 60c | 0m | 70y | 10k | | 96r | 175g | 112b |
| 5c | 5m | 5y | 30k | | 177r | 176g | 177b |

| 0c | 80m | 80y | 0k | | 241r | 91g | 64b |
| 5c | 5m | 5y | 20k | | 197r | 195g | 196b |

10c	0m	0y	10k		203r	221g	230b
40c	0m	0y	10k		129r	196g	226b
80c	0m	0y	10k		0r	169g	220b

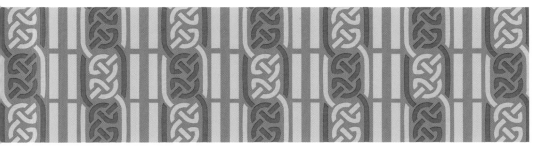

0c	30m	60y	0k		252r	187g	117b
0c	0m	20y	20k		212r	208g	179b
0c	0m	60y	60k		130r	125g	67b

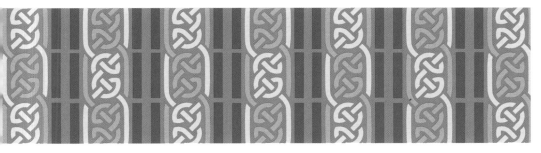

90c	30m	60y	0k		0r	138g	125b
20c	0m	20y	20k		169r	192g	177b
0c	0m	10y	10k		232r	229g	211b

65c	90m	0y	0k
45c	60m	0y	0k
10c	20m	0y	0k

117r	64g	153b
148r	116g	180b
223r	204g	228b

0c	100m	0y	0k
0c	55m	0y	0k
0c	15m	0y	0k

236r	0g	140b
243r	145g	188b
252r	223g	236b

35c	0m	50y	0k
15c	40m	100y	30k
45c	30m	70y	40k

171r	214g	155b
161r	118g	25b
100r	106g	70b

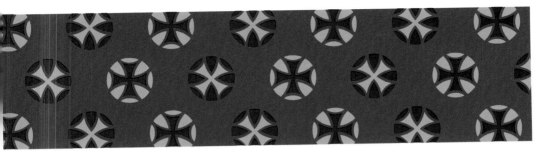

20c 20m 0y 80k   69r 67g 81b
40c 10m 80y 0k   164r 190g 95b

90c 30m 20y 10k   0r 128g 163b
20c 0m 50y 0k   209r 227g 154b

0c 90m 60y 30k   177r 45g 62b
20c 20m 20y 0k   204r 194g 192b

50c	50m	0y	0k		135r	129g	189b
0c	30m	30y	70k		108r	81g	71b
0c	20m	20y	30k		187r	158g	146b
0c	15m	30y	10k		230r	199g	164b

10c	80m	100y	40k		146r	56g	17b
0c	100m	80y	20k		196r	18g	47b
0c	90m	100y	0k		239r	66g	25b
0c	65m	60y	0k		244r	122g	99b

40c	0m	40y	30k		115r	159g	132b
45c	0m	30y	20k		115r	174g	161b
40c	0m	30y	0k		153r	212g	191b
10c	5m	40y	0k		231r	226g	169b

| 0c | 0m | 80y | 10k | | 237r | 221g | 74b |
| 50c | 0m | 0y | 10k | | 9r | 189g | 224b |

| 0c | 20m | 30y | 20k | | 209r | 174g | 147b |
| 50c | 100m | 0y | 10k | | 133r | 31g | 130b |

| 35c | 0m | 50y | 0k | | 171r | 214g | 155b |
| 10c | 5m | 30y | 5k | | 217r | 216g | 179b |

0c	60m	100y	40k		162r	85g	11b
0c	50m	100y	0k		247r	147g	30b
0c	35m	70y	0k		251r	177g	97b
0c	20m	30y	0k		253r	209g	176b

20c	70m	0y	0k		199r	108g	171b
15c	40m	0y	0k		210r	163g	203b
0c	20m	80y	10k		231r	186g	72b
0c	10m	70y	0k		255r	223g	106b

25c	60m	80y	40k		129r	80g	46b
10c	40m	60y	30k		168r	121g	84b
0c	10m	80y	10k		234r	202g	73b
90c	55m	70y	0k		46r	109g	101b

90c	0m	0y	50k		0r	107g	145b
0c	0m	20y	80k		88r	87g	75b
20c	0m	0y	10k		180r	213g	229b
0c	0m	20y	20k		202r	208g	179b

15c	80m	30y	40k		141r	55g	84b
10c	70m	0y	0k		218r	111g	171b
0c	25m	0y	0k		249r	203g	223b
40c	10m	0y	0k		146r	197g	235b

50c	30m	40y	50k		78r	93g	89b
10c	5m	40y	0k		231r	226g	169b
10c	65m	40y	0k		221r	119g	125b
40c	10m	0y	10k		133r	180g	214b

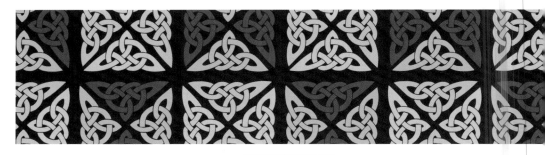

35c	10m	20y	0k		166r	199g	199b
25c	60m	80y	40k		129r	80g	46b
10c	10m	60y	10k		209r	195g	118b
10c	10m	10y	10k		205r	201g	200b

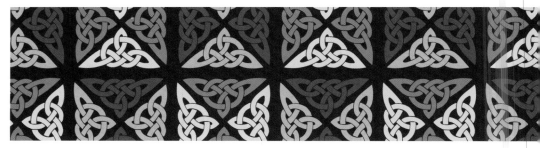

30c	70m	20y	0k		182r	105g	146b
30c	90m	30y	20k		152r	51g	100b
10c	10m	10y	20k		187r	184g	183b
10c	30m	0y	0k		248r	193g	217b

90c	10m	10y	0k		0r	164g	210b
90c	0m	0y	0k		0r	128g	198b
5c	5m	5y	10k		216r	214g	213b
70c	0m	0y	70k		0r	85g	110b

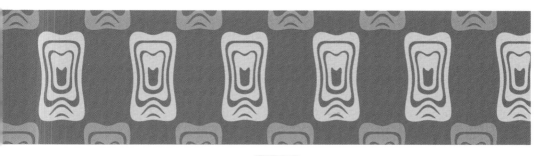

40c	0m	0y	30k	106r	162g	187b
0c	0m	20y	20k	212r	208g	179b

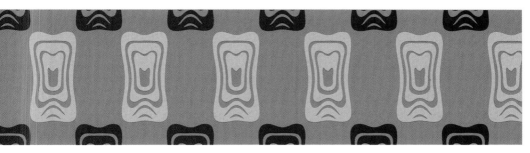

40c	60m	0y	70k	69r	45g	80b
20c	0m	20y	20k	169r	192g	177b

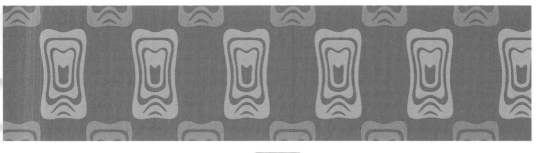

5c	5m	40y	40k	160r	154g	114b
0c	10m	90y	20k	213r	183g	42b

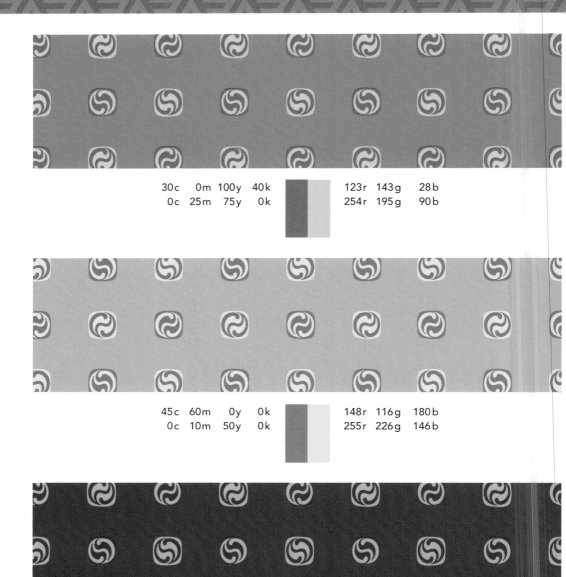

30c 0m 100y 40k   123r 143g 28b
0c 25m 75y 0k   254r 195g 90b

45c 60m 0y 0k   148r 116g 180b
0c 10m 50y 0k   255r 226g 146b

30c 70m 100y 40k   122r 68g 24b
0c 50m 40y 0k   246r 151g 135b

60c 50m 10y 40k   77r   84g   119b
60c 0m 0y 0k   68r 200g 245b

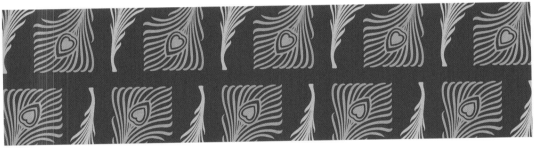

0c 15m 15y 15k   219r 193g 181b
20c 20m 0y 20k   166r 164g 190b

0c 15m 50y 15k   221r 189g 126b
10c 0m 30y 30k   170r 179g 146b

| 35c | 0m | 50y | 0k | | 171r | 214g | 155b |
| 65c | 0m | 0y | 30k | | 24r | 148g | 184b |

| 0c | 100m | 80y | 0k | | 227r | 26g | 59b |
| 0c | 90m | 80y | 45k | | 149r | 35g | 31b |

| 10c | 5m | 60y | 0k | 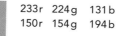 | 233r | 224g | 131b |
| 35c | 30m | 0y | 10k | | 150r | 154g | 194b |

| 45c | 90m | 0y | 0k | | 153r | 63g | 152b |
| 10c | 70m | 0y | 0k | | 218r | 11g | 171b |

| 45c | 10m | 50y | 0k | | 147r | 189g | 149b |
| 10c | 10m | 50y | 0k | | 231r | 216g | 147b |

| 10c | 60m | 50y | 0k | | 222r | 128g | 115b |
| 0c | 20m | 15y | 0k | | 252r | 211g | 201b |

25c	0m	45y	10k	177r	203g	150b
60c	0m	50y	40k	62r	131g	106b

0c	0m	45y	10k	235r	225g	149b
10c	30m	5y	10k	202r	168g	187b

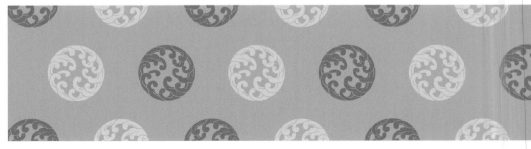

25c	0m	20y	5k	181r	215g	201b
60c	0m	0y	40k	43r	135g	166b

| 40c | 30m | 0y | 0k | | 152r | 165g | 212b |
| 20c | 0m | 0y | 20k | | 165r | 195g | 210b |

| 0c | 65m | 15y | 0k | | 242r | 124g | 156b |
| 20c | 50m | 0y | 10k | | 181r | 130g | 175b |

| 50c | 5m | 40y | 15k | | 113r | 169g | 148b |
| 50c | 40m | 60y | 8k | | 135r | 106g | 99b |

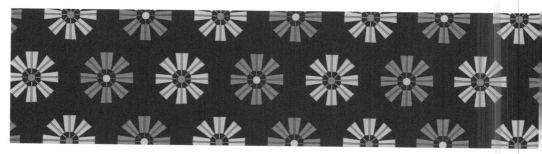

5c	60m	0y	15k
0c	35m	70y	0k

199r 115g 159b
251r 177g 97b

25c 0m 90y 20k
20c 0m 20y 0k

165r 182g 56b
204r 231g 211b

0c 80m 50y 0k
40c 0m 10y 15k

241r 91g 102b
128r 188g 199b

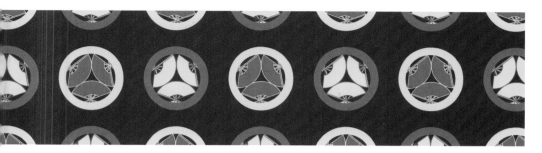

0c 10m 80y 0k		255r 222g 79b
60c 40m 0y 20k		91r 117g 167b

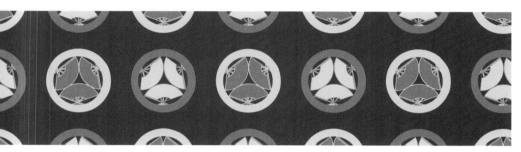

10c 20m 0y 0k		223r 204g 228b
10c 50m 10y 30k		165r 110g 133b

10c 15m 0y 60k		114r 109g 122b
0c 65m 20y 0k		242r 124g 150b

45c	0m	0y	0k		126r	211g	247b
10c	0m	45y	0k		232r	237g	164b
75c	35m	0y	0k		54r	140g	204b

0c	40m	0y	0k		246r	173g	205b
0c	20m	65y	0k		255r	206g	113b
40c	0m	80y	40k		105r	139g	64b

50c	80m	0y	55k		79r	37g	90b
35c	70m	0y	0k		170r	104g	171b
20c	20m	10y	0k		202r	195g	207b

0c	20m	50y	0k		254r	207g	140b
10c	50m	100y	0k		226r	143g	38b
45c	40m	0y	20k		120r	23g	168b
55c	75m	20y	35k		96r	62g	102b

100c	35m	15y	30k		0r	99g	137b
100c	35m	0y	65k		0r	59g	99b
10c	0m	40y	0k		232r	238g	174b
40c	0m	0y	0k		142r	216g	248b

20c	80m	40y	20k		167r	72g	96b
0c	55m	0y	0k		243r	145g	188b
0c	15m	0y	0k		252r	223g	236b
65c	80m	0y	40k		77r	49g	110b

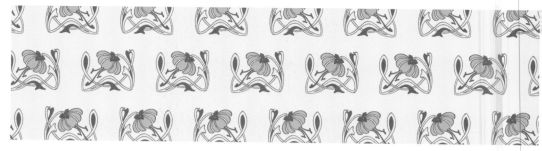

65c	0m	40y	30k		53r	145g	132b
15c	0m	10y	0k		215r	237g	230b
0c	45m	70y	0k		248r	158g	93b

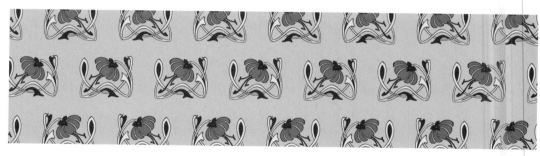

60c	10m	10y	60k		40r	95g	112b
20c	0m	10y	0k		202r	232g	229b
40c	70m	20y	0k		163r	103g	146b

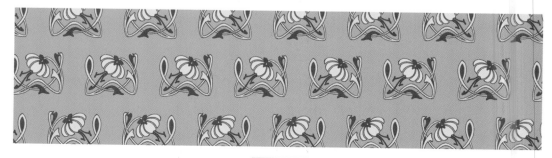

20c	0m	40y	60k		103r	117g	90b
20c	0m	30y	0k		206r	230g	193b
0c	20m	15y	0k		252r	211g	201b

50c	0m	90y	0k
0c	45m	40y	0k
0c	40m	0y	35k

139r	199g	81b
247r	160g	139b
173r	122g	147b

71c	15m	0y	10k
5c	0m	40y	5k
40c	0m	35y	0k

30r	155g	206b
231r	230g	165b
154r	211g	183b

0c	5m	30y	0k
0c	20m	80y	0k
0c	100m	80y	20k

255r	238g	188b
255r	204g	78b
196r	18g	47b

20c	15m	80y	0k	211r	238g	87b
45c	60m	85y	25k	131r	92g	54b
5c	0m	25y	45k	150r	153g	129b

60c	10m	30y	0k	101r	180g	181b
40c	10m	10y	60k	75r	102g	113b
0c	0m	20y	0k	255r	252g	213b

20c	0m	15y	0k	203r	232g	221b
5c	30m	70y	5k	226r	173g	95b
40c	0m	30y	10k	139r	193g	175b

| 0c | 10m | 60y | 10k | | 232r | 204g | 117b |
| 0c | 5m | 40y | 0k | | 255r | 236g | 169b |

| 20c | 30m | 30y | 0k | | 204r | 176g | 166b |
| 0c | 65m | 50y | 0k | | 143r | 123g | 112b |

| 60c | 40m | 0y | 10k | | 99r | 128g | 182b |
| 10c | 50m | 80y | 0k | | 225r | 143g | 75b |

25c 0m 90y 20k   165r 182g 56b
30c 70m 100y 40k   122r 68g 24b

10c 80m 50y 10k   199r 80g 94b
0c 10m 10y 20k   209r 191g 184b

25c 0m 20y 10k   173r 206g 193b
10c 40m 60y 10k   205r 147g 103b

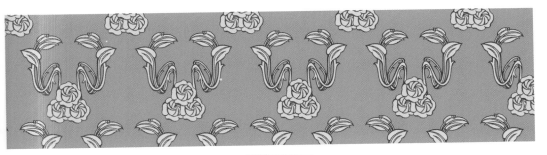

20c	20m	20y	50k
20c	0m	30y	0k
0c	20m	60y	0k

119r	115g	114b
206r	230g	193b
255r	206g	123b

20c	20m	20y	40k
20c	0m	70y	0k
0c	10m	80y	0k

135r	131g	130b
211r	225g	116b
255r	222g	79b

60c	10m	10y	60k
5c	0m	30y	0k
0c	30m	15y	0k

40r	95g	112b
243r	244g	193b
250r	191g	191b

| 55c | 10m | 20y | 0k | | 112r | 185g | 198b |
| 0c | 15m | 30y | 0k | | 255r | 219g | 180b |

| 10c | 50m | 80y | 0k | | 255r | 143g | 75b |
| 70c | 30m | 20y | 35k | | 55r | 107g | 129b |

| 20c | 80m | 50y | 0k | | 202r | 88g | 104b |
| 0c | 15m | 30y | 0k | | 255r | 219g | 180b |

10c	30m	100y	0k
25c	0m	85y	15k

230r	177g	34b
174r	191g	70b

10c	40m	100y	40k
25c	0m	0y	10k

150r	106g	16b
168r	208g	228b

0c	75m	15y	10k
25c	20m	0y	0k

218r	93g	134b
187r	192g	226b

0c	30m	30y	70k	108r	81g	71b
0c	30m	0y	0k	248r	193g	217b

75c	70m	0y	0k	88r	95g	170b
10c	10m	0y	0k	224r	222g	239b

0c	10m	80y	50k	148r	130g	44b
10c	0m	70y	0k	235r	234g	113b

15c	80m	0y	20k		173r	71g	134b
0c	25m	70y	0k		254r	196g	101b

60c	60m	10y	40k		80r	74g	113b
10c	30m	10y	20k		185r	153g	165b

60c	10m	20y	40k		62r	123g	135b
25c	0m	30y	20k		159r	188g	161b

75c	40m	0y	0k
15c	0m	10y	0k

62r	134g	198b
215r	237g	230b

0c	20m	0y	0k
25c	25m	0y	20k

250r	213g	229b
156r	154g	184b

15c	80m	30y	10k
20c	0m	20y	10k

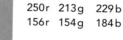

191r	80g	115b
185r	210g	193b

0c   0m   40y   20k   213r   203g   146b
40c 10m   0y   20k   122r   165g   196b

45c   0m   40y   0k   141r   207g   174b
5c 50m 10y 20k   192r   124g   148b

0c 10m 100y 20k   213r   183g   0b
71c 80m   0y 20k   86r   65g 135b

0c	30m	30y	50k		146r	111g	99b
0c	55m	0y	0k		243r	145g	188b
0c	0m	30y	0k		255r	250g	194b

10c	60m	10y	60k		113r	62g	86b
10c	0m	50y	0k		233r	236g	154b
10c	40m	10y	0k		247r	172g	187b

50c	10m	10y	60k		59r	98g	112b
20c	0m	20y	20k		169r	192g	177b
20c	0m	20y	0k		204r	231g	211b

0c 70m 50y 0k   243r 113g 109b
15c 15m   0y 0k   212r 209g 233b

35c   0m   0y 20k   131r 184g 208b
70c 85m 20y 10k   100r   65g 124b

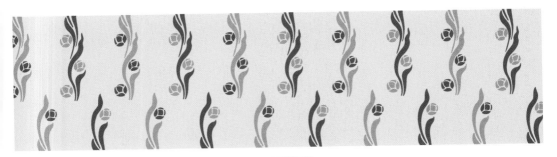

35c   0m 35y 20k   139r 180g 154b
35c 85m 20y 10k   158r   67g 122b

0c	0m	40y	10k		234r	225g	159b
0c	0m	60y	30k		192r	183g	101b
40c	10m	60y	5k		153r	182g	126b

0c	20m	60y	0k		255r	206g	123b
0c	40m	80y	20k		206r	139g	61b
10c	0m	20y	0k		207r	218g	194b

0c	50m	30y	0k		246r	151g	149b
10c	40m	10y	30k		166r	124g	141b
10c	60m	10y	60k		113r	62g	86b

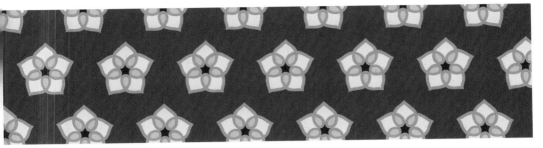

25c	40m	0y	10k
0c	40m	80y	0k
0c	10m	60y	0k
0c	40m	40y	80k

171r	144g	185b
250r	167g	74b
255r	224g	127b
87r	55g	44b

0c	80m	90y	70k
0c	100m	80y	20k
0c	60m	100y	0k
0c	20m	60y	0k

105r	30g	0b
196r	18g	47b
245r	130g	32b
255r	206g	123b

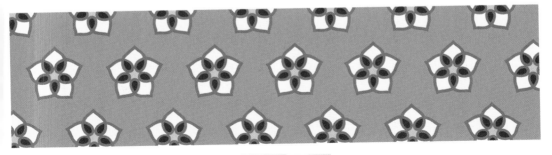

60c	0m	10y	30k
60c	10m	10y	60k
0c	0m	25y	0k
35c	0m	0y	5k

58r	150g	170b
40r	95g	112b
255r	251g	204b
149r	209g	236b

| 40c | 0m | 30y | 0k | | 153r | 212g | 191b |
| 50c | 80m | 20y | 40k | | 97r | 51g | 93b |

| 0c | 65m | 45y | 0k | | 243r | 123g | 118b |
| 65c | 0m | 40y | 30k | | 53r | 145g | 132b |

| 0c | 10m | 80y | 0k | | 255r | 222g | 79b |
| 0c | 65m | 60y | 0k | | 244r | 122g | 99b |

10c	20m	0y	20k
0c	10m	20y	0k
0c	35m	30y	0k

185r	170g	190b
255r	229g	202b
249r	180g	163b

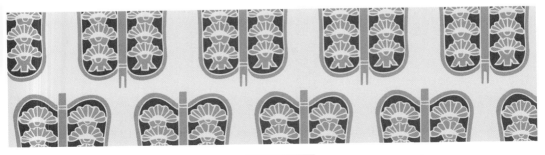

5c	5m	60y	30k
0c	0m	30y	10k
0c	10m	40y	60k

180r	170g	99b
234r	227g	177b
129r	116g	85b

10c	10m	10y	30k
60c	0m	10y	10k
40c	0m	0y	60k

168r	166g	166b
72r	181g	205b
70r	112g	130b

0c	10m	30y	10k
60c	70m	20y	0k

231r 207g 168b
125r 98g 147b

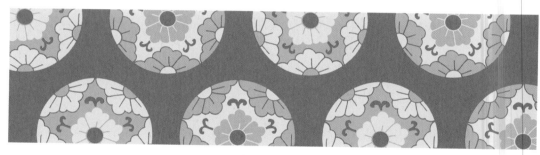

50c	10m	5y	0k
10c	10m	10y	0k

120r 189g 222b
226r 221g 218b

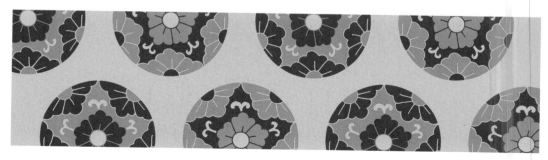

0c	60m	40y	10k
75c	30m	55y	35k

221r 120g 117b
49r 103g 93b

```
10c   50m   80y   0k          225r   143g   75b
30c   10m   20y   40k         119r   137g   136b
```

```
25c   0m   90y   20k          165r   182g   56b
20c   0m   60y   0k           210r   226g   136b
```

```
50c   50m   0y   0k           135r   129g   189b
20c   30m   0y   0k           199r   178g   214b
```

| 0c | 0m | 40y | 40k | | 170r | 129g | 189b |
| 20c | 45m | 40y | 35k | | 199r | 178g | 214b |

| 0c | 40m | 0y | 0k | | 246r | 173g | 205b |
| 15c | 60m | 40y | 15k | | 185r | 110g | 113b |

| 65c | 0m | 30y | 20k | | 57r | 161g | 160b |
| 45c | 50m | 10y | 20k | | 124r | 110g | 147b |

0c	0m	20y	10k		233r	228g	195b
30c	10m	10y	0k		176r	204g	2116b
60c	60m	40y	0k		124r	112g	131b
70c	40m	20y	0k		89r	135g	171b

0c	30m	80y	0k		253r	185g	77b
20c	0m	40y	0k		207r	229g	174b
60c	60m	60y	0k		126r	111g	108b
30c	30m	30y	0k		182r	170g	166b

0c	5m	30y	0k		255r	238g	188b
0c	20m	15y	0k		252r	211g	201b
0c	65m	40y	0k		243r	123g	125b
0c	40m	20y	0k		248r	171g	173b

95

10c	10m	80y	30k		172r	159g	63b
0c	10m	0y	20k		208r	192g	201b

70c	70m	20y	0k		104r	96g	147b
0c	0m	20y	20k		212r	208g	179b

10c	60m	20y	0k		221r	129g	154b
20c	0m	20y	0k		204r	231g	211b

| 0c | 10m | 30y | 70k | | 110r | 99g | 80b |
| 0c | 70m | 10y | 20k | | 200r | 94g | 132b |

| 50c | 10m | 20y | 10k | | 115r | 172g | 181b |
| 70c | 20m | 30y | 40k | | 46r | 110g | 118b |

| 20c | 0m | 0y | 20k | | 165r | 195g | 210b |
| 0c | 0m | 10y | 20k | | 211r | 210g | 194b |

70c	70m	0y	10k	91r	87g	156b
50c	50m	0y	0k	135r	129g	189b

100c	0m	0y	0k	0r	174g	239b
10c	10m	0y	40k	149r	149g	162b

10c	60m	50y	0k	222r	180g	99b
10c	10m	0y	80k	77r	77g	85b

30c	0m	70y	20k		153r	180g	99b
0c	5m	0y	10k		229r	220g	225b

50c	10m	40y	0k		113r	86g	166b
0c	5m	0y	60k		128r	124g	129b

10c	10m	40y	10k		208r	197g	151b
0c	30m	0y	60k		127r	98g	113b

10c	50m	70y	0k		225r	144g	93b
0c	5m	5y	20k		209r	200g	196b
0c	20m	0y	60k		127r	109g	119b
0c	0m	60y	10k		236r	223g	122b

60c	60m	80y	0k		126r	111g	83b
20c	100m	100y	0k		201r	37g	44b
20c	30m	100y	0k		210r	172g	43b
0c	40m	60y	0k		249r	168g	112b

0c	5m	20y	10k		231r	217g	189b
20c	0m	10y	20k		167r	193g	192b
0c	10m	0y	40k		166r	155g	163b
20c	0m	20y	30k		151r	173g	160b

0c	80m	10y	50k		141r	47g	86b
0c	20m	10y	0k		252r	212g	209b

60c	80m	10y	30k		95r	58g	113b
0c	10m	30y	0k		255r	228g	184b

0c	0m	60y	60k		130r	125g	67b
0c	30m	0y	0k		248r	193g	217b

10c 15m 0y 50k	131r 126g 140b
0c 55m 70y 0k	246r 141g 89b

25c 0m 90y 20k	165r 182g 56b
10c 0m 20y 20k	189r 200g 178b

15c 40m 100y 10k	198r 143g 36b
45c 0m 40y 0k	141r 207g 174b

| 10c | 10m | 0y | 20k | | 185r | 855g | 200b |
| 0c | 5m | 20y | 40k | | 168r | 159g | 140b |

| 50c | 30m | 0y | 30k | | 96r | 121g | 160b |
| 0c | 0m | 50y | 0k | | 255r | 247g | 153b |

| 10c | 65m | 40y | 0k | | 221r | 119g | 125b |
| 10c | 5m | 30y | 5k | | 217r | 216g | 179b |

| 0c | 0m | 80y | 10k | | 237r | 221g | 74b |
| 50c | 0m | 0y | 10k | | 99r | 189g | 224b |

| 0c | 50m | 80y | 0k | | 247r | 148g | 72b |
| 30c | 0m | 30y | 0k | | 179r | 221g | 192b |

| 80c | 15m | 15y | 0k | | 0r | 163g | 199b |
| 30c | 0m | 30y | 90k | | 37r | 55g | 47b |

30c	60m	0y	0k
0c	5m	50y	0k
10c	10m	20y	10k
5c	30m	0y	0k

178r	122g	180b
255r	235g	149b
206r	200g	184b
234r	188g	216b

20c	80m	40y	20k
20c	50m	30y	20k
0c	55m	0y	0k
0c	15m	0y	0k

167r	72g	96b
169r	118g	125b
243r	145g	188b
252r	223g	236b

0c	70m	100y	0k
20c	55m	90y	0k
10c	20m	20y	0k
0c	10m	40y	0k

243r	112g	33b
206r	131g	60b
226r	202g	192b
255r	227g	165b

70c	0m	60y	30k		43r	141g	106b
50c	0m	20y	10k		112r	160g	203b
30c	0m	0y	0k		170r	225g	250b

30c	0m	90y	0k		189r	215g	72b
50c	65m	0y	0k		139r	107g	175b
10c	70m	0y	0k		218r	111g	171b

60c	0m	60y	20k		84r	162g	117b
0c	20m	70y	10k		231r	186g	94b
0c	0m	50y	10k		235r	224g	140b

70c	0m	0y	40k	0r	130g	165b
60c	0m	0y	0k	68r	200g	245b
60c	0m	0y	10k	63r	182g	223b
20c	0m	0y	10k	180r	213g	229b

0c	60m	30y	0k	0r	130g	165b
0c	45m	40y	0k	68r	200g	245b
0c	30m	25y	0k	63r	182g	223b
0c	20m	10y	0k	180r	213g	229b

60c	60m	10y	40k	244r	133g	141b
15c	55m	0y	10k	247r	160g	139b
15c	40m	0y	0k	250r	190g	175b
0c	25m	10y	0k	252r	212g	209b

0c	100m	80y	0k
0c	70m	50y	0k
0c	45m	30y	0k
0c	0m	40y	10k

237r	26g	59b
243r	113g	109b
247r	161g	154b
234r	225g	159b

50c	80m	0y	40k
10c	45m	10y	40k
5c	0m	20y	0k
5c	45m	0y	0k

97r	51g	93b
148r	104g	123b
242r	245g	213b
231r	160g	198b

100c	50m	0y	0k
60c	0m	0y	0k
35c	0m	0y	0k
0c	15m	60y	0k

0r	113g	188b
68r	200g	245b
157r	220g	249b
255r	216g	125b

0c	30m	100y	10k		229r	167g	19b
0c	5m	100y	40k		170r	153g	0b
0c	0m	100y	10k		237r	219g	0b

70c	80m	30y	0k		109r	81g	129b
45c	60m	0y	0k		148r	116g	180b
0c	0m	30y	30k		191r	186g	147b

15c	60m	70y	30k		159r	93g	65b
0c	80m	80y	0k		241r	91g	64b
0c	50m	50y	60k		125r	74g	58b

28c	0m	74y	0k		193r	218g	108b
0c	0m	60y	60k		130r	125g	67b

60c	10m	10y	10k		84r	166g	194b
0c	0m	30y	30k		191r	186g	147b

10c	10m	10y	30k		168r	166g	166b
0c	0m	40y	10k		234r	225g	159b

0c	0m	32y	20k		213r	207g	162b
10c	10m	80y	30k		172r	159g	63b
10c	0m	60y	0k		234r	235g	134b

60c	0m	0y	20k		58r	167g	204b
80c	30m	0y	80k		0r	62g	87b
37c	0m	0y	0k		151r	218g	248b

0c	60m	0y	20k		200r	111g	152b
0c	70m	60y	40k		161r	73g	62b
0c	30m	0y	0k		248r	193g	217b

30c	30m	30y	70k		77r	73g	72b
0c	80m	0y	10k		216r	81g	146b
0c	20m	60y	10k		230r	187g	112b

30c	0m	30y	30k		133r	166g	146b
100c	40m	0y	0k		0r	125g	197b
30c	0m	10y	0k		174r	223g	228b

0c	0m	30y	40k		170r	166g	131b
0c	60m	60y	10k		221r	119g	92b
0c	0m	60y	10k		236r	223g	122b

0c	100m	0y	60k
0c	30m	0y	0k

123r   0g   70b
248r   193g   217b

80c	0m	0y	40k
0c	10m	60y	0k

0r   126g   164b
255r   224g   127b

80c	0m	60y	50k
30c	0m	60y	0k

0r   108g   84b
185r   217g   137b

0c	0m	40y	15k		224r	216g	153b
0c	0m	80y	80k		88r	84g	15b
0c	0m	50y	0k		255r	247g	153b

40c	0m	40y	15k		135r	184g	153b
0c	0m	40y	80k		88r	86g	58b
0c	20m	100y	0k		255r	203g	5b

0c	60m	40y	10k		221r	120g	117b
0c	0m	20y	80k		88r	87g	75b
0c	0m	20y	0k		255r	252g	213b

60c	60m	10y	0k
0c	0m	20y	40k
40c	70m	0y	0k

120r	112g	166b
169r	167g	145b
160r	102g	171b

0c	50m	80y	10k
0c	0m	30y	30k
0c	0m	90y	10k

224r	135g	65b
191r	186g	147b
237r	220g	43b

0c	50m	0y	10k
0c	0m	30y	60k
25c	0m	25y	0k

221r	139g	176b
130r	128g	100b
191r	226g	202b

0c	40m	80y	10k		226r	152g	68b
0c	0m	35y	35k		181r	176g	132b
0c	15m	60y	0k		255r	216g	125b

60c	40m	80y	10k		112r	125g	81b
60c	60m	60y	60k		60r	53g	51b
40c	0m	60y	0k		159r	209g	139b

30c	10m	0y	20k		144r	171g	198b
70c	70m	0y	60k		48r	41g	89b
0c	0m	10y	20k		211r	210g	194b

| 40c | 0m | 40y | 10k | | 141r | 192g | 159b |
| 0c | 30m | 70y | 0k | | 252r | 186g | 99b |

| 40c | 0m | 0y | 30k | | 106r | 162g | 187b |
| 0c | 0m | 30y | 20k | | 213r | 207g | 162b |

| 40c | 0m | 80y | 30k | | 119r | 155g | 73b |
| 0c | 0m | 70y | 10k | | 236r | 222g | 101b |

70c	10m	10y	50k		16r	105g	128b
30c	0m	30y	0k		179r	221g	192b
80c	0m	0y	0k		0r	185g	242b

0c	50m	60y	60k		125r	74g	49b
0c	10m	30y	10k		231r	207g	168b
0c	30m	90y	0k		253r	185g	52b

0c	60m	0y	60k		125r	65g	94b
10c	10m	10y	10k		205r	201g	200b
0c	80m	0y	0k		239r	91g	161b

5c	0m	10y	60k	121r	126g	120b
0c	20m	40y	0k	254r	208g	158b
0c	40m	60y	0k	249r	168g	112b
5c	0m	30y	0k	243r	244g	193b

10c	25m	100y	20k	190r	155g	25b
0c	20m	90y	10k	231r	185g	46b
0c	10m	60y	0k	255r	224g	127b
0c	5m	40y	10k	233r	215g	154b

10c	0m	10y	80k	77r	84g	82b
0c	60m	20y	0k	243r	133g	155b
0c	30m	10y	0k	249r	191g	198b
20c	0m	30y	0k	206r	230g	192b

0c	60m	100y	40k	162r	85g	11b
0c	15m	70y	0k	255r	215g	105b
0c	50m	70y	0k	247r	49g	91b

0c	25m	30y	50k	146r	117g	102b
0c	45m	40y	0k	247r	160g	139b
40c	0m	30y	0k	153r	212g	191b

0c	25m	30y	80k	87r	67g	57b
0c	80m	40y	0k	240r	91g	114b
10c	0m	20y	0k	229r	240g	212b

40c　　0m　　70y　　0k　　　　161r　208g　120b
100c　　0m　100y　　10k　　　　　　0r　152g　　74b

45c　　0m　　20y　　0k　　　　135r　209g　209b
50c　45m　　0y　　0k　　　　　　134r　136g　194b

0c　15m　20y　　0k　　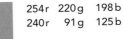　254r　220g　198b
0c　80m　30y　　0k　　　　240r　　91g　125b

| 35c | 50m | 10y | 0k | | 170r | 135g | 175b |
| 35c | 0m | 40y | 0k | | 169r | 215g | 174b |

| 5c | 20m | 0y | 0k | | 235r | 208g | 228b |
| 0c | 30m | 40y | 60k | | 127r | 95g | 76b |

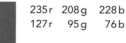

| 35c | 0m | 10y | 0k | | 161r | 219g | 227b |
| 100c | 10m | 40y | 20k | | 0r | 132g | 138b |

70c 30m 60y 40k   57r   99g   83b
25c 10m 40y 10k   176r 187g 151b

0c 25m   0y 40k   165r 135g 151b
0c   0m 20y 20k   212r 208g 179b

0c 80m 80y 20k   199r 74g   52b
0c   0m   5y 20k   210r 210g 202b

0c	35m	90y	0k		252r	176g	52b
0c	15m	30y	0k		255r	219g	180b

40c	10m	0y	0k		146r	197g	235b
0c	10m	40y	10k		232r	206g	151b

10c	5m	60y	0k		233r	224g	131b
65c	0m	0y	30k		24r	148g	184b

0c 50m 100y 0k   247r 147g 30b
0c 0m 30y 10k   234r 227g 177b

0c 90m 50y 10k   216r 57g 87b
0c 0m 10y 20k   211r 210g 194b

60c 40m 40y 0k   118r 139g 144b
15c 0m 10y 0k   215r 237g 230b

50c 15m 0y 30k   90r 138g 173b
0c 0m 10y 20k   211r 210g 194b

0c 60m 20y 20k   201r 111g 129b
0c 30m 20y 0k   250r 191g 183b

80c 40m 0y 0k   36r 132g 198b
20c 0m 60y 5k   199r 215g 129b

30c 0m 0y 20k
70c 70m 30y 0k

142r 187g 208b
105r 96g 136b

0c 0m 70y 10k
0c 60m 90y 0k

236r 22g 101b
245r 130g 51b

31c 0m 20y 10k
60c 100m 70y 0k

161r 202g 192b
132r 48g 80b

| 0c | 0m | 20y | 80k | | 88r | 87g | 75b |
| 0c | 15m | 60y | 0k | | 255r | 216g | 125b |

| 0c | 70m | 0y | 0k | | 241r | 115g | 172b |
| 0c | 0m | 20y | 5k | | 244r | 238g | 203b |

| 60c | 40m | 0y | 0k | | 108r | 140g | 199b |
| 5c | 0m | 10y | 0k | | 240r | 247g | 231b |

0c	65m	20y	0k		242r	124g	150b
0c	60m	10y	50k		143r	76g	99b
0c	0m	40y	0k		255r	249g	174b

0c	65m	90y	0k		244r	121g	151b
10c	55m	70y	30k		166r	101g	66b
0c	0m	20y	0k		255r	252g	213b

30c	90m	0y	0k		179r	63g	151b
0c	70m	0y	70k		107r	41g	74b
5c	10m	30y	0k		241r	223g	184b

47c 0m 40y 0k   136r 205g 174b
0c 10m 40y 0k   255r 227g 165b

5c 0m 40y 0k   244r 243g 174b
0c 0m 40y 60k   130r 127g 89b

10c 0m 40y 0k   232r 238g 174b
25c 40m 0y 0k   188r 157g 202b

90c	0m	0y	80k		0r	63g	89b
30c	0m	10y	0k		174r	223g	228b
20c	20m	20y	20k		169r	163g	161b
0c	10m	60y	0k		255r	224g	127b

60c	100m	10y	10k		119r	35g	121b
20c	20m	10y	0k		202r	195g	205b
0c	42m	50y	0k		249r	165g	126b
0c	16m	0y	0k		251r	221g	234b

40c	0m	100y	60k		78r	106g	20b
20c	20m	60y	0k		208r	191g	125b
0c	20m	70y	0k		255r	205g	103b
0c	0m	20y	10k		233r	228g	195b

100c	50m	0y	0k		0r	113g	188b
80c	20m	0y	0k		0r	158g	219b
15c	0m	5y	5k		203r	226g	228b
0c	10m	60y	0k		255r	224g	127b

0c	100m	50y	0k		237r	20g	90b
25c	60m	80y	40k		129r	80g	46b
0c	20m	50y	10k		230r	188g	128b
0c	10m	20y	10k		230r	208g	185b

20c	70m	0y	30k		150r	79g	129b
0c	60m	10y	0k		243r	134g	167b
0c	10m	20y	0k		255r	229g	202b
0c	0m	10y	20k		211r	210g	194b

45c	10m	10y	10k
0c	45m	30y	0k
0c	10m	60y	0k
0c	30m	30y	70k

125r	176g	196b
247r	161g	154b
255r	224g	127b
108r	81g	71b

0c	80m	80y	10k
10c	10m	10y	50k
0c	10m	35y	0k
0c	30m	30y	80k

218r	82g	58b
131r	130g	131b
255r	227g	175b
87r	63g	55b

0c	30m	70y	10k
10c	20m	30y	0k
40c	20m	0y	20k
0c	30m	30y	80k

228r	169g	91b
227r	201g	175b
125r	152g	187b
87r	63g	55b

45c	10m	10y	40k		91r	130g	146b
25c	5m	5y	20k		156r	181g	194b
35c	0m	25y	0k		165r	217g	201b
0c	20m	90y	90k		63r	48g	0b

15c	40m	100y	30k		161r	118g	25b
0c	25m	100y	20k		209r	161g	13b
0c	25m	90y	0k		254r	194g	51b
0c	0m	50y	0k		255r	247g	153b

70c	30m	60y	40k		57r	99g	83b
25c	10m	40y	20k		161r	171g	139b
5c	0m	40y	0k		244r	243g	174b
0c	20m	20y	70k		109r	91g	84b

0c	100m	80y	0k		237r	26g	59b
0c	70m	50y	0k		243r	113g	109b
0c	45m	30y	0k		247r	161g	154b
0c	30m	20y	0k		250r	191g	183b

60c	10m	20y	40k		62r	123g	135b
10c	50m	80y	0k		225r	143g	75b
25c	10m	40y	20k		161r	171g	139b
0c	5m	30y	10k		232r	216g	172b

90c	40m	0y	20k		0r	107g	166b
35c	0m	0y	80k		49r	77g	90b
20c	0m	10y	20k		167r	193g	192b
0c	25m	50y	0k		253r	198g	137b

70c	50m	30y	30k		72r	91g	113b
35c	10m	10y	30k		123r	151g	164b
25c	5m	5y	20k		156r	181g	194b
10c	0m	0y	20k		186r	202g	211b

5c	0m	10y	60k		121r	126g	120b
10c	20m	50y	0k		229r	299g	141b
10c	0m	30y	10k		208r	217g	176b
10c	0m	30y	30k		170r	179g	146b

0c	45m	50y	0k		248r	160g	124b
0c	5m	20y	50k		148r	140g	124b
30c	40m	60y	30k		137r	114g	86b
5c	10m	30y	10k		218r	202g	168b

70c	0m	10y	10k	0r	175g	203b
0c	25m	90y	0k	254r	194g	51b
20c	10m	10y	70k	86r	93g	97b
0c	0m	30y	0k	255r	250g	194b

40c	0m	50y	10k	143r	191g	142b
32c	20m	5y	30k	132r	142g	163b
60c	80m	0y	40k	84r	49g	109b
0c	0m	20y	10k	233r	228g	195b

30c	0m	0y	10k	155r	204g	227b
30c	20m	5y	15k	154r	165g	188b
40c	0m	0y	30k	106r	162g	187b
0c	0m	10y	0k	255r	253g	232b

70c	0m	50y	70k		0r	83g	68b
50c	10m	50y	10k		121r	169g	136b
0c	0m	40y	10k		234r	225g	159b
5c	5m	5y	70k		103r	102g	104b

10c	0m	10y	60k		115r	124g	120b
60c	10m	10y	10k		84r	166g	194b
0c	0m	20y	10k		233r	228g	195b
5c	5m	5y	100k		0r	0g	0b

0c	80m	70y	30k		179r	66g	56b
40c	30m	40y	0k		161r	163g	151b
0c	0m	20y	0k		255r	252g	213b
60c	60m	60y	60k		60r	53g	51b

0c 20m 10y 0k   252r 212g 209b
0c 88m 10y 20k   197r   54g 117b

0c   0m 10y 20k   211r 210g 194b
30c 20m   0y 20k   146r 158g 188b

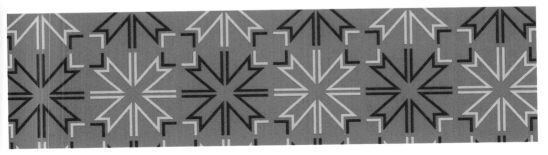

0c   0m 30y 20k   213r 207g 162b
60c 60m 30y 42k   79r   72g   94b

| 60c | 10m | 20y | 40k |
| 0c | 0m | 20y | 20k |

| 62r | 123g | 135b |
| 212r | 208g | 179b |

| 60c | 0m | 20y | 0k |
| 0c | 20m | 60y | 0k |

| 86r | 197g | 208b |
| 255r | 206g | 123b |

| 20c | 0m | 60y | 31k |
| 45c | 30m | 70y | 40k |

| 210r | 226g | 136b |
| 100r | 106g | 70b |

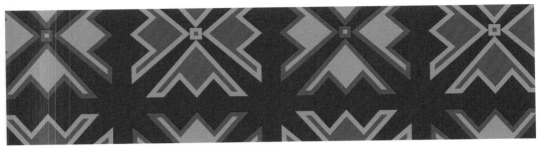

0c	75m	100y	30k		179r	75g	20b
20c	20m	60y	20k		172r	159g	105b

20c	20m	60y	20k		172r	159g	105b
0c	5m	75y	0k		255r	232g	95b

40c	0m	10y	20k		122r	179g	190b
20c	0m	20y	0k		204r	231g	211b

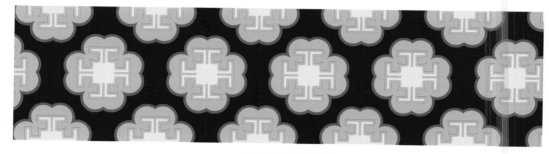

10c	55m	70y	30k		166r	101g	66b
0c	45m	50y	0k		248r	160g	124b
0c	10m	30y	0k		255r	228g	184b
45c	0m	45y	0k		141r	207g	174b

45c	30m	70y	40k		100r	106g	70b
10c	25m	100y	30k		170r	139g	21b
0c	5m	100y	0k		255r	230g	0b
30c	10m	100y	0k		190r	197g	49b

35c	0m	10y	20k		134r	183g	191b
10c	0m	30y	20k		190r	198g	162b
10c	15m	0y	60k		114r	109g	122b
0c	5m	50y	5k		245r	223g	142b

0c	0m	70y	30k		192r	182g	84b
10c	10m	10y	20k		187r	184g	183b

60c	0m	70y	20k		87r	161g	103b
40c	0m	10y	5k		139r	204g	216b

20c	0m	20y	40k		135r	155g	144b
30c	70m	0y	0k		179r	105g	171b

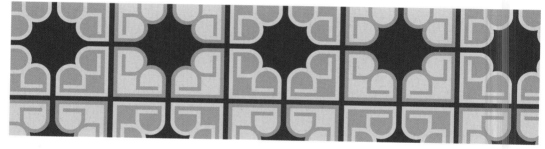

| 40c | 100m | 10y | 10k | | 150r | 28g | 120b |
| 0c | 20m | 40y | 0k | | 254r | 208g | 158b |

| 50c | 0m | 0y | 20k | | 91r | 173g | 206b |
| 0c | 0m | 5y | 20k | | 210r | 210g | 202b |

| 45c | 0m | 40y | 20k | | 117r | 173g | 146b |
| 20c | 0m | 30y | 0k | | 206r | 230g | 193b |

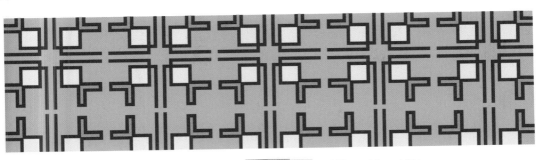

70c	90m	10y	0k
10c	20m	15y	20k
0c	10m	30y	0k

110r 64g 141b
187r 169g 168b
255r 228g 184b

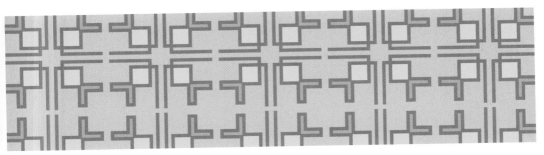

20c 70m 0y 0k
15c 40m 0y 0k
0c 20m 30y 0k

199r 108g 171b
210r 163g 203b
253r 209g 176b

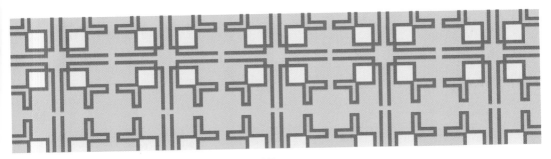

35c 0m 10y 40k
35c 0m 20y 0k
15c 0m 10y 0k

107r 147g 154b
164r 218g 210b
215r 237g 230b

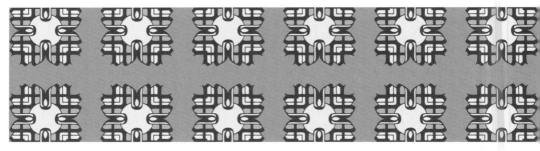

50c	30m	40y	50k	78r	93g	89b
45c	0m	40y	0k	141r	207g	174b
10c	0m	10y	0k	227r	242g	231b
5c	0m	40y	0k	244r	243g	174b

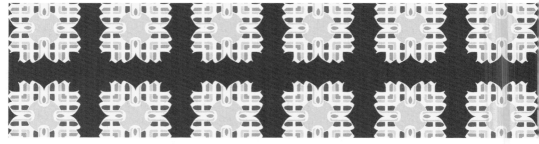

0c	0m	40y	0k	255r	249g	174b
0c	10m	20y	60k	129r	117g	105b
0c	10m	30y	30k	189r	170g	139b
0c	5m	20y	10k	237r	217g	189b

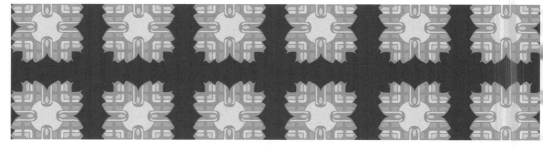

15c	50m	0y	10k	190r	132g	175b
25c	0m	30y	20k	159r	188g	161b
0c	35m	70y	0k	251r	177g	97b
0c	5m	10y	10k	230r	218g	205b

				53r	137g	170b
70c	20m	10y	20k	53r	137g	170b
45c	10m	10y	20k	114r	161g	180b
60c	0m	0y	0k	68r	200g	245b
10c	10m	20y	10k	206r	200g	184b

0c	25m	0y	0k	249r	203g	223b
0c	80m	30y	30k	179r	65g	94b
10c	40m	30y	60k	114r	83g	80b
10c	10m	20y	30k	169r	165g	153b

25c	60m	100y	40k	129r	80g	23b
0c	35m	100y	30k	186r	131g	13b
0c	15m	100y	20k	212r	176g	5b
0c	5m	50y	5k	245r	223g	142b

45c	0m	0y	30k		94r	159g	187b
0c	45m	30y	0k		247r	161g	154b
0c	10m	60y	0k		255r	224g	127b
0c	30m	30y	50k		146r	111g	99b

0c	100m	50y	0k		237r	20g	90b
10c	20m	0y	0k		223r	204g	228b
45c	60m	0y	0k		148r	116g	180b
80c	80m	0y	30k		61r	56g	123b

45c	10m	20y	40k		92r	130g	135b
35c	0m	10y	30k		120r	165g	172b
20c	0m	10y	10k		183r	211g	209b
0c	65m	60y	0k		244r	122g	99b

0c	25m	70y	0k		254r	196g	101b
0c	5m	20y	0k		255r	239g	207b
20c	20m	60y	20k		172r	159g	105b
20c	20m	60y	40k		137r	128g	83b

0c	0m	0y	30k		188r	189g	192b
10c	78m	0y	10k		197r	84g	148b
20c	0m	0y	0k		199r	234g	251b
10c	80m	0y	30k		163r	63g	121b

40c	25m	40y	40k		106r	115g	105b
5c	0m	40y	0k		244r	243g	174b
35c	0m	0y	20k		131r	184g	208b
0c	20m	60y	0k		255r	206g	123b

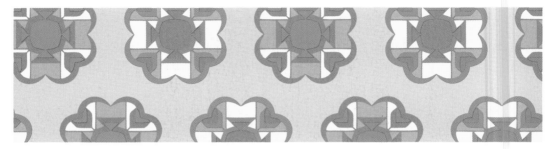

35c	0m	10y	30k		120r	165g	172b
10c	0m	30y	20k		190r	198g	162b
0c	0m	20y	0k		255r	252g	213b
10c	65m	30y	0k		221r	119g	138b

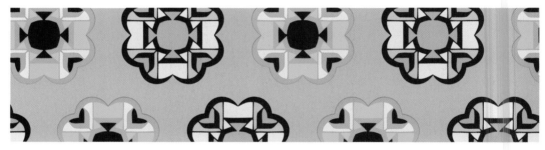

0c	55m	70y	0k		246r	141g	89b
0c	35m	90y	0k		252r	176g	52b
15c	0m	30y	0k		218r	235g	193b
10c	40m	40y	80k		77r	52g	44b

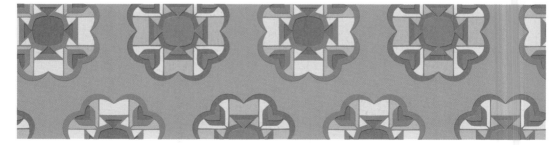

70c	10m	0y	10k		25r	161g	210b
0c	0m	20y	10k		233r	228g	195b
0c	10m	30y	20k		210r	189g	154b
0c	10m	10y	50k		147r	135g	131b

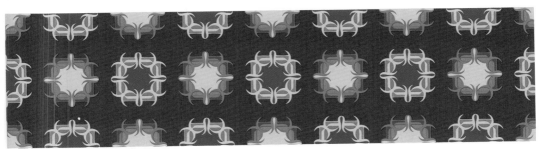

100c	50m	0y	0k	0r	113g	188b
100c	0m	0y	0k	0r	174g	239b
0c	0m	10y	50k	148r	148g	138b
0c	0m	80y	10k	237r	221g	74b

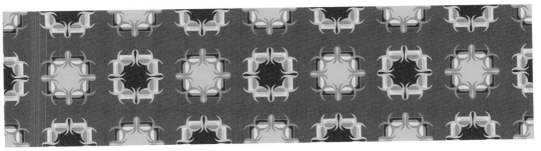

0c	10m	20y	80k	88r	79g	70b
0c	5m	20y	40k	168r	159g	140b
0c	10m	70y	0k	255r	223g	106b
25c	0m	100y	0k	202r	219g	42b

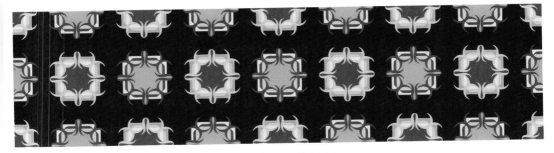

0c	60m	30y	0k	244r	133g	141b
0c	30m	40y	0k	251r	189g	151b
15c	0m	10y	0k	215r	237g	230b
40c	30m	50y	50k	93r	96g	79b

50c	30m	40y	50k		78r	93g	89b
70c	30m	20y	0k		80r	148g	179b
30c	25m	100y	0k		189r	174g	50b
10c	0m	20y	0k		229r	240g	212b

0c	62m	90y	30k		181r	94g	94b
0c	15m	50y	20k		210r	180g	120b
0c	0m	25y	0k		255r	251g	204b
0c	0m	25y	60k		130r	128g	106b

0c	100m	80y	35k		167r	10g	37b
0c	90m	60y	0k		239r	65g	86b
40c	60m	80y	30k		124r	87g	56b
5c	10m	30y	10k		218r	202g	168b

0c	45m	20y	0k		246r	161g	168b
0c	30m	20y	0k		250r	191g	183b
0c	15m	20y	60k		128r	112g	103b
0c	20m	40y	30k		188r	156g	120b

45c	10m	10y	20k		114r	161g	180b
20c	0m	10y	20k		167r	193g	192b
30c	30m	30y	30k		136r	128g	126b
60c	60m	60y	60k		60r	53g	51b

70c	30m	60y	40k		57r	99g	83b
45c	0m	30y	20k		115r	174g	161b
20c	0m	20y	10k		185r	210g	193b
15c	0m	30y	0k		218r	235g	193b

65c	50m	0y	60k
10c	40m	70y	0k
0c	10m	60y	10k
20c	20m	20y	20k

48r	60g	99b
226r	161g	97b
233r	204g	117b
169r	163g	161b

10c	65m	30y	0k
10c	10m	50y	20k
0c	20m	50y	10k
5c	10m	30y	0k

221r	119g	138b
190r	180g	123b
230r	188g	128b
241r	223g	184b

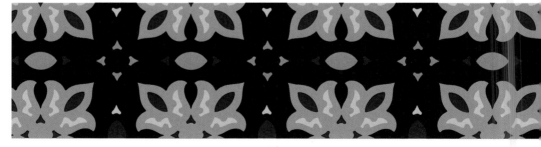

25c	40m	0y	10k
0c	0m	30y	40k
5c	10m	30y	10k
0c	0m	40y	85k

171r	144g	185b
170r	166g	131b
218r	202g	168b
76r	74g	49b

35c	20m	60y	30k
20c	20m	60y	80k
10c	40m	100y	0k
40c	0m	30y	0k

129r	136g	95b
69r	65g	36b
228r	160g	37b
153r	212g	191b

30c	0m	30y	28k
60c	60m	60y	60k
0c	0m	60y	0k
25c	0m	30y	0k

137r	170g	149b
60r	53g	51b
255r	246g	133b
193r	225g	191b

70c	20m	0y	20k
40c	40m	40y	40k
0c	0m	74y	0k
0c	0m	30y	20k

45r	137g	185b
108r	99g	97b
255r	244g	98b
213r	207g	162b

55c	40m	0y	0k		121r	142g	199b
20c	20m	0y	20k		166r	164g	190b
0c	0m	75y	10k		237r	221g	88b
50c	20m	20y	50k		74r	103g	114b

30c	75m	0y	0k		179r	95g	166b
25c	0m	55y	0k		197r	222g	146b
20c	20m	20y	20k		169r	163g	161b
55c	90m	20y	0k		138r	64g	131b

20c	70m	70y	0k		203r	107g	87b
0c	0m	55y	10k		235r	224g	131b
30c	30m	30y	30k		136r	128g	126b
70c	80m	80y	0k		112r	82g	78b

60c	60m	10y	40k		80r	74g	113b
30c	50m	0y	20k		149r	115g	160b
25c	40m	0y	0k		188r	157g	202b
25c	0m	30y	0k		193r	225g	192b

0c	65m	60y	0k		244r	122g	99b
60c	0m	30y	1k		90r	193g	187b
0c	10m	100y	10k		234r	200g	0b
25c	60m	80y	40k		129r	80g	46b

90c	0m	0y	50k		0r	107g	145b
0c	5m	20y	20k		211r	198g	174b
5c	10m	30y	0k		241r	223g	184b
0c	15m	20y	70k		109r	95g	87b

				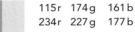		
45c	0m	30y	20k	115r	174g	161b
0c	0m	30y	10k	234r	227g	177b

15c	80m	0y	20k	173r	71g	134b
0c	15m	100y	20k	212r	176g	5b

40c	20m	40y	40k	105r	121g	107b
20c	0m	30y	0k	206r	230g	193b

70c	30m	60y	40k
90c	0m	50y	0k
60c	0m	80y	0k
10c	5m	60y	0k

57r	99g	83b
0r	174g	157b
109r	192g	103b
233r	224g	131b

10c	90m	60y	30k
0c	100m	0y	1k
0c	65m	60y	0k
0c	25m	70y	0k

163r	45g	63b
232r	0g	138b
244r	122g	99b
254r	196g	101b

35c	10m	20y	0k
25c	60m	80y	40k
10c	40m	60y	30k
0c	10m	20y	10k

166r	199g	199b
129r	80g	46b
168r	121g	84b
230r	208g	185b

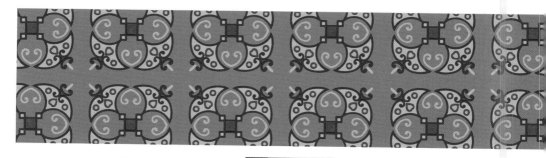

20c	100m	50y	30k	149r 15g 67b
10c	15m	0y	60k	114r 109g 122b
0c	10m	30y	18k	215r 193g 157b
20c	0m	60y	10k	190r 206g 124b

60c	0m	30y	0k	91r 196g 190b
0c	15m	20y	70k	109r 95g 87b
10c	20m	50y	20k	189r 165g 118b
5c	10m	30y	10k	218r 202g 168b

20c	100m	0y	0k	198r 22g 141b
10c	15m	0y	70k	97r 93g 104b
0c	15m	20y	40k	167r 147g 134b
0c	10m	30y	20k	210r 189g 154b

0c	60m	30y	0k
60c	0m	0y	0k
0c	15m	70y	0k
25c	60m	80y	40k

244r	133g	141b
68r	200g	245b
255r	215g	105b
129r	80g	46b

35c	30m	0y	10k
0c	10m	20y	70k
0c	5m	20y	50k
0c	10m	20y	20k

150r	154g	194b
110r	99g	89b
148r	140g	124b
210r	190g	170b

0c	25m	0y	0k
15c	0m	60y	0k
0c	5m	50y	0k
5c	0m	10y	40k

249r	203g	223b
222r	231g	135b
255r	235g	149b
158r	165g	157b

65c	0m	0y	30k		24r	148g	184b
0c	0m	10y	30k		189r	188g	175b

60c	80m	20y	0k		127r	82g	139b
0c	10m	40y	0k		255r	227g	165b

60c	0m	60y	20k		84r	162g	117b
10c	73m	40y	0k		213r	206g	146b

45c	10m	10y	40k				91r	130g	146b
10c	30m	100y	0k				230r	177g	34b
50c	10m	100y	0k				143r	182g	62b

0c	90m	100y	0k				239r	66g	35b
25c	60m	80y	40k				129r	80g	46b
0c	10m	20y	10k				230r	208g	185b

25c	60m	100y	40k				129r	80g	23b
0c	10m	70y	0k				255r	223g	106b
0c	30m	100y	10k				229r	167g	19b

100c	50m	0y	0k	0r	113g	188b
0c	20m	90y	0k	255r	204g	50b

45c	90m	0y	0k	153r	63g	152b
0c	0m	70y	20k	215r	203g	93b

0c	60m	90y	10k	216r	58g	78b
10c	0m	10y	20k	188r	201g	193b

					255r	226g	146b
0c	10m	50y	0k		60r	175g	214b
60c	0m	0y	15k		88r	89g	91b
0c	0m	0y	80k		242r	135g	183b
0c	60m	0y	0k				

					0r	157g	188b
80c	20m	20y	0k		174r	223g	228b
30c	0m	10y	0k		157r	220g	249b
35c	0m	0y	0k		244r	243g	174b
5c	0m	40y	0k				

					166r	101g	66b
10c	55m	70y	30k		248r	160g	124b
0c	45m	50y	0k		253r	209g	176b
0c	20m	30y	0k		141r	207g	174b
45c	0m	40y	0k				

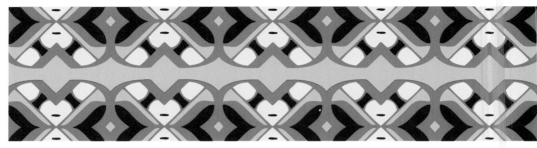

0c	100m	20y	0k		237r	6g	119b
0c	45m	10y	0k		246r	162g	182b
0c	10m	10y	0k		254r	231g	220b
30c	30m	30y	80k		60r	56g	55b

10c	65m	100y	50k		129r	66g	7b
0c	80m	100y	0k		241r	90g	34b
0c	0m	50y	0k		255r	147g	153b
10c	30m	100y	0k		230r	177g	34b

0c	0m	30y	30k		191r	186g	147b
0c	70m	0y	80k		86r	27g	57b
0c	20m	0y	10k		226r	193g	209b
80c	0m	0y	80k		0r	65g	89b

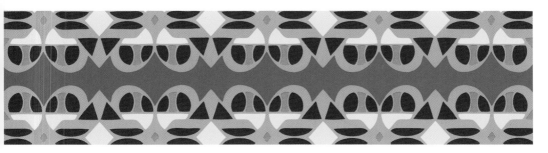

0c	55m	70y	0k		246r	141g	89b
0c	10m	30y	0k		255r	228g	184b
0c	10m	75y	30k		190r	166g	70b
0c	35m	100y	70k		108r	74g	0b

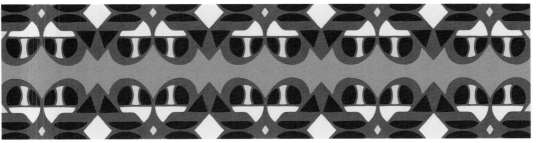

0c	10m	40y	60k		129r	116g	85b
0c	10m	30y	0k		255r	228g	184b
5c	0m	20y	10k		219r	223g	194b
0c	30m	80y	80k		87r	61g	6b

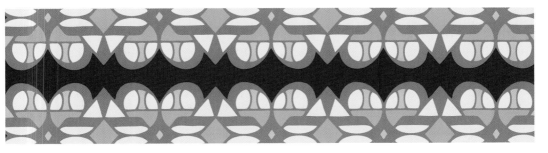

20c	75m	40y	0k		202r	98g	119b
0c	15m	0y	0k		252r	223g	236b
0c	45m	10y	0k		246r	162g	182b
0c	60m	30y	0k		244r	133g	141b

80c	30m	60y	40k
25c	0m	90y	20k
15c	0m	30y	0k
0c	0m	25y	20k

30r	96g	83b
165r	182g	56b
218r	235g	193b
212r	208g	171b

60c	60m	10y	40k
40c	40m	10y	20k
10c	10m	40y	40k
10c	10m	20y	10k

80r	74g	113b
132r	125g	155b
151r	145g	112b
206r	200g	184b

0c	80m	100y	0k
0c	10m	20y	70k
0c	10m	30y	30k
0c	5m	20y	10k

241r	90g	34b
110r	99g	89b
189r	170g	139b
231r	217g	189b

60c	10m	20y	40k		62r	123g	135b
35c	10m	30y	30k		126r	150g	138b
30c	0m	10y	10k		158r	203g	208b
0c	20m	50y	0k		254r	207g	140b

45c	80m	30y	0k		155r	84g	128b
30c	60m	0y	0k		178r	122g	180b
0c	45m	70y	0k		248r	158g	93b
0c	20m	70y	0k		255r	205g	103b

0c	10m	100y	0k		255r	221g	0b
40c	40m	30y	40k		107r	100g	107b
30c	30m	20y	20k		150r	143g	152b
20c	20m	20y	10k		185r	177g	175b

0c	0m	25y	0k		255r	251g	204b
0c	15m	20y	70k		109r	95g	87b
10c	5m	0y	30k		167r	173g	185b

50c	0m	80y	0k		137r	199g	101b
30c	30m	30y	30k		136r	128g	126b
0c	15m	80y	0k		255r	214g	79b

40c	0m	30y	0k		153r	212g	191b
0c	15m	60y	0k		255r	216g	125b
30c	50m	0y	0k		178r	137g	190b

80c	20m	0y	0k		0r	158g	219b
35c	0m	0y	0k		157r	220g	249b
15c	0m	0y	0k		212r	239g	252b
0c	50m	100y	0k		247r	147g	30b

10c	50m	10y	30k		165r	110g	133b
5c	50m	10y	20k		192r	124g	148b
5c	20m	0y	20k		194r	173g	191b
0c	6m	100y	0k		255r	230g	0b

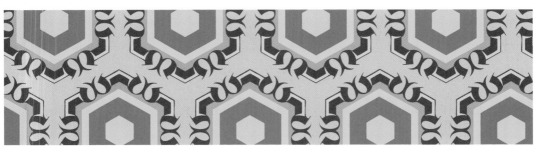

10c	90m	60y	30k		163r	45g	63b
0c	100m	0y	0k		236r	0g	140b
0c	60m	60y	0k		245r	132g	102b
0c	25m	70y	0k		254r	196g	101b

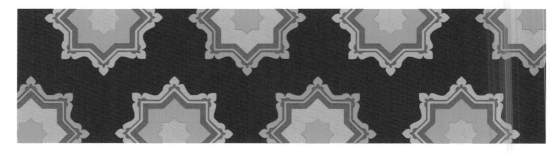

0c	65m	60y	0k
0c	10m	40y	50k
0c	10m	30y	20k

244r	122g	99b
148r	133g	98b
210r	189g	154b

10c	65m	100y	50k
0c	80m	100y	0k
20c	20m	20y	20k

129r	66g	7b
241r	90g	34b
169r	163g	161b

65c	0m	40y	30k
10c	0m	10y	0k
0c	45m	70y	0k

53r	145g	132b
227r	242g	231b
248r	158g	93b

100c	0m	0y	0k			
60c	0m	0y	0k			
40c	0m	0y	0k			
0c	10m	50y	0k			

0r	174g	239b
68r	200g	245b
142r	216g	248b
255r	226g	146b

80c	0m	15y	0k
0c	10m	60y	0k
40c	0m	20y	0k
50c	90m	55y	0k

0r	184g	214b
255r	224g	127b
150r	213g	210b
148r	66g	97b

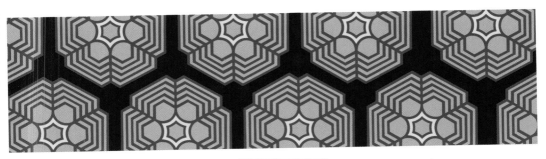

100c	50m	0y	0k
0c	55m	0y	0k
0c	20m	20y	0k
20c	40m	0y	0k

0r	113g	188b
243r	145g	188b
252r	211g	193b
199r	160g	203b

10c	15m	50y	0k		230r	208g	144b
90c	80m	0y	20k		46r	63g	136b
5c	40m	0y	20k		192r	141g	171b
65c	45m	0y	30k		74r	98g	147b

10c	15m	5y	25k		177r	169g	177b
20c	55m	0y	30k		150r	101g	141b
15c	15m	0y	0k		212r	209g	233b
100c	100m	0y	0k		46r	49g	146b

40c	0m	50y	0k		157r	210g	156b
0c	0m	55y	0k		255r	247g	143b
50c	0m	0y	50k		61r	123g	148b
65c	0m	0y	30k		24r	148g	184b

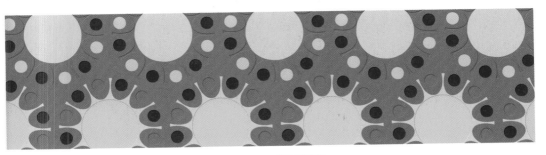

30c	75m	35y	0k	182r	96g	125b
0c	35m	50y	0k	250r	179g	131b
0c	100m	80y	40k	158r	6g	33b
25c	5m	30y	0k	193r	215g	187b

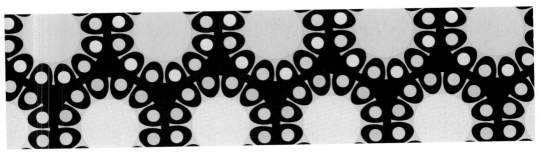

10c	10m	100y	0k	235r	212g	24b
0c	0m	20y	10k	233r	228g	195b
0c	30m	45y	0k	251r	188g	142b
20c	20m	0y	0k	199r	196g	226b

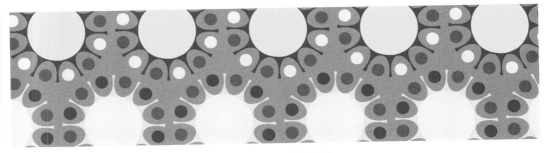

90c	50m	20y	0k	3r	116g	162b
15c	0m	0y	0k	212r	239g	252b
40c	25m	20y	40k	104r	117g	126b
0c	15m	25y	0k	254r	220g	189b

45c	5m	85y	0k
0c	45m	0y	0k
20c	85m	0y	0k
90c	0m	85y	20k

152r	194g	87b
245r	163g	199b
198r	74g	155b
0r	145g	83b

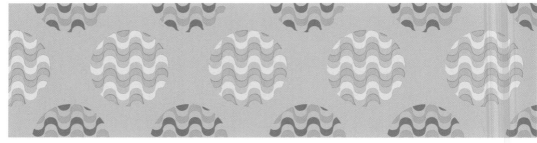

45c	45m	85y	0k
25c	25m	55y	0k
0c	20m	20y	0k
0c	45m	85y	0k

156r	136g	77b
196r	179g	131b
252r	211g	193b
249r	157g	62b

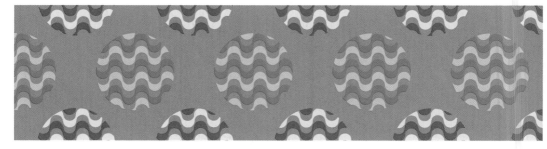

70c	5m	30y	25k
15c	0m	0y	5k
60c	45m	0y	0k
30c	20m	0y	0k

41r	145g	148b
201r	227g	239b
111r	132g	194b
174r	189g	225b

80c	0m	0y	20k			
80c	0m	0y	80k			
20c	0m	0y	20k			
20c	0m	0y	5k			

0r	155g	202b
0r	65g	89b
165r	195g	210b
188r	222g	239b

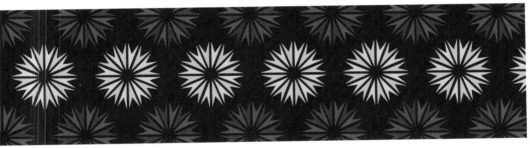

80c	60m	0y	20k
30c	0m	50y	0k
0c	0m	40y	10k
0c	0m	90y	60k

55r	88g	150b
183r	218g	155b
243r	225g	159b
131r	123g	17b

20c	0m	0y	20k
0c	70m	40y	10k
0c	0m	10y	10k
0c	0m	60y	20k

165r	95g	210b
219r	103g	110b
232r	229g	211b
214r	204g	112b

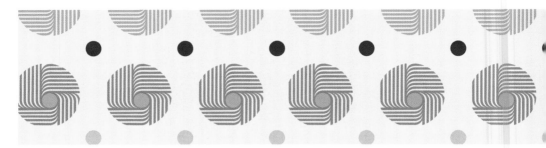

35c	10m	0y	10k		146r	183g	215b
25c	0m	0y	10k		168r	208g	228b
10c	80m	90y	40k		146r	56g	28b
0c	65m	50y	10k		220r	111g	101b

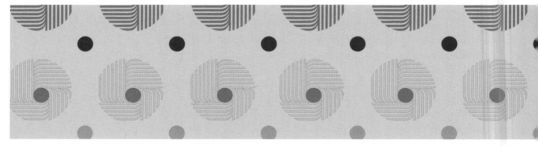

50c	0m	65y	30k		97r	151g	98b
25c	0m	80y	20k		165r	183g	77b
0c	100m	5y	40k		158r	0g	89b
0c	45m	20y	0k		246r	161g	168b

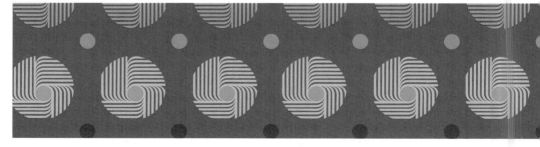

60c	0m	30y	0k		91r	196g	190b
0c	15m	20y	70k		109r	95g	87b
10c	20m	50y	20k		189r	165g	118b
5c	10m	35y	10k		218r	202g	160b

10c	50m	10y	30k		165r	110g	133b
0c	60m	45y	10k		221r	120g	111b
0c	35m	70y	10k		227r	161g	89b
10c	15m	60y	5k		218r	196g	120b

70c	30m	55y	35k		61r	105g	93b
30c	20m	30y	30k		135r	141g	132b
5c	65m	0y	10k		207r	111g	161b
0c	35m	0y	0k		247r	184g	211b

35c	0m	100y	0k		179r	211g	53b
75c	50m	30y	30k		61r	90g	53b
45c	0m	90y	30k		111r	152g	58b
30c	25m	100y	0k		189r	174g	50b

0c	60m	60y	0k		246r	132g	102b
0c	35m	50y	0k		250r	179g	131b
0c	15m	30y	0k		255r	219g	180b
20c	85m	40y	15k		175r	65g	97b

50c	85m	90y	0k		149r	75g	63b
0c	40m	10y	0k		247r	172g	187b
0c	75m	20y	0k		241r	103g	141b
40c	10m	10y	0k		150r	196g	215b

75c	0m	90y	0k		53r	181g	89b
5c	0m	40y	0k		244r	243g	174b
35c	5m	90y	0k		178r	201g	74b
0c	5m	65y	0k		255r	215g	115b

					172r	159g	105b
20c	20m	60y	20k		162r	185g	122b
25c	0m	55y	20k		193r	225g	192b
25c	0m	30y	0k		97r	85g	137b
55c	60m	0y	30k				

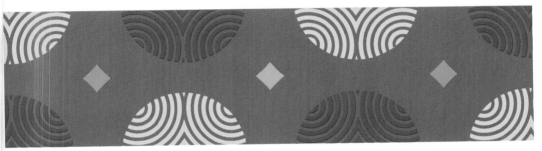

					255r	222g	79b
0c	10m	80y	0k		189r	182g	50b
30c	20m	100y	0k		232r	196g	58b
10c	20m	90y	0k		113r	122g	111b
40c	25m	40y	35k				

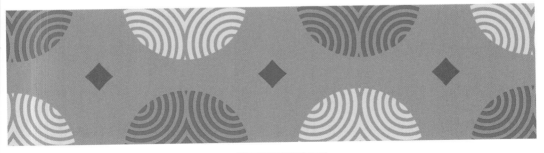

					0r	174g	157b
90c	0m	50y	0k		58r	150g	170b
60c	0m	10y	30k		0r	155g	223b
100c	15m	0y	0k		157r	220g	249b
35c	0m	0y	0k				

55c	60m	0y	30k		97r	85g	137b
25c	45m	0y	10k		171r	136g	179b
5c	20m	0y	20k		194r	173g	171b
0c	15m	35y	10k		230r	199g	157b

0c	45m	30y	70k		108r	67g	65b
20c	70m	30y	0k		202r	108g	134b
0c	10m	30y	0k		255r	228g	184b
0c	35m	20y	5k		235r	172g	170b

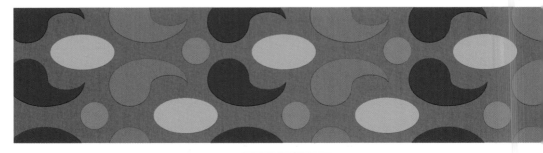

100c	70m	0y	0k		0r	91g	171b
75c	40m	0y	0k		62r	134g	198b
75c	20m	25y	0k		47r	159g	181b
0c	30m	75y	10k		228r	169g	81b

25c	0m	90y	0k
25c	0m	90y	20k
0c	10m	100y	0k
0c	25m	100y	20k

202r	219g	68b
165r	182g	56b
225r	221g	0b
209r	161g	13b

0c	90m	100y	20k
0c	20m	60y	0k
0c	45m	40y	10k
25c	0m	50y	20k

197r	54g	28b
255r	206g	123b
224r	145g	127b
162r	185g	130b

50c	50m	0y	0k
0c	30m	30y	70k
0c	20m	20y	30k
0c	20m	30y	10k

135r	129g	189b
108r	81g	71b
187r	158g	146b
229r	190g	160b

60c	0m	100y	40k		70r	129g	43b	
60c	0m	80y	0k		109r	192g	103b	
25c	0m	80y	0k		200r	220g	93b	
0c	50m	70y	40k		163r	98g	58b	

75c	20m	20y	0k		43r	159g	188b	
0c	90m	60y	0k		239r	65g	86b	
75c	70m	0y	0k		88r	95g	170b	
0c	50m	100y	0k		247r	147g	30b	

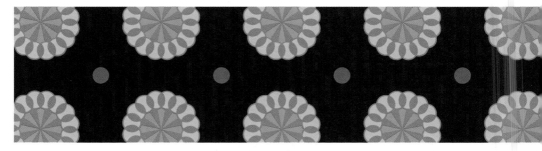

0c	10m	60y	10k		233r	204g	117b	
10c	55m	70y	30k		166r	101g	66b	
15c	40m	50y	20k		178r	134g	107b	
10c	50m	100y	0k		226r	143g	38b	

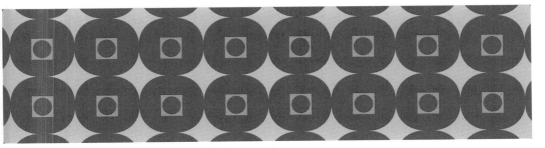

0c	40m	80y	10k		226r	152g	68b
0c	20m	80y	5k		242r	194g	75b

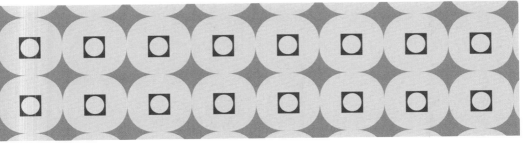

0c	80m	60y	40k		160r	57g	57b
5c	5m	5y	40k		157r	157g	158b

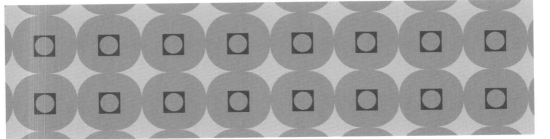

60c	0m	70y	40k		66r	130g	82b
10c	0m	60y	10k		211r	213g	123b

30c 30m 0y 0k   176r 171g 213b
10c 65m 40y 20k   183r 99g 104b

20c 35m 80y 0k   208r 164g 82b
0c 15m 65y 0k   255r 215g 115b

70c 0m 0y 20k   0r 161g 203b
0c 25m 10y 20k   206r 168g 171b

| 35c | 0m | 20y | 0k | | 164r | 218g | 210b |
| 10c | 5m | 60y | 15k | | 201r | 195g | 115b |

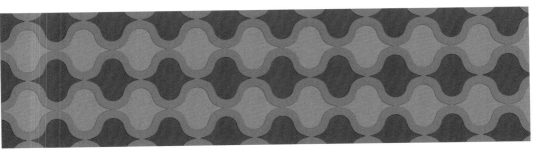

| 15c | 40m | 40y | 20k | | 178r | 134g | 120b |
| 50c | 75m | 45y | 15k | | 127r | 80g | 101b |

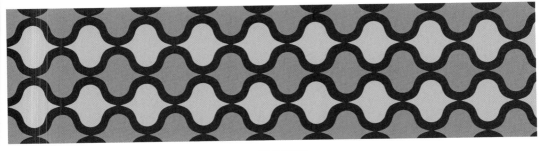

| 20c | 30m | 5y | 0k | | 201r | 177g | 204b |
| 35c | 30m | 0y | 20k | | 138r | 141g | 178b |

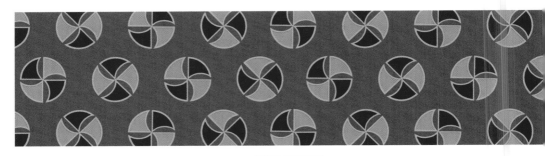

0c	30m	0y	15k		215r	168g	190b
15c	60m	10y	0k		211r	127g	166b
20c	100m	0y	40k		134r	0g	94b

0c	5m	20y	60k		129r	122g	108b
35c	0m	30y	0k		167r	216g	192b
0c	10m	40y	20k		211r	188g	139b

30c	90m	0y	0k		179r	63g	151b
0c	10m	20y	0k		255r	229g	202b
0c	30m	70y	0k		252r	186g	99b

0c	50m	90y	10k		224r	134g	47b
20c	20m	20y	5k		193r	185g	182b
10c	0m	80y	0k		236r	233g	86b
0c	20m	80y	0k		255r	204g	78b

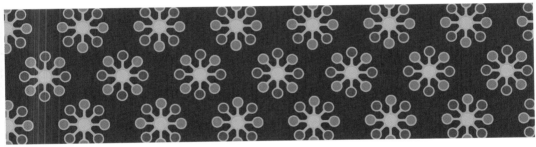

25c	0m	30y	20k		159r	188g	161b
0c	30m	50y	61k		125r	93g	65b
10c	40m	60y	30k		168r	121g	84b
0c	30m	35y	10k		227r	172g	145b

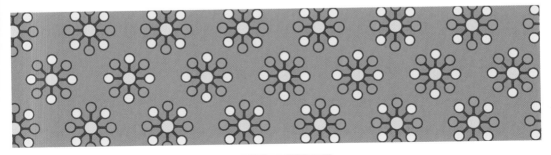

25c	0m	30y	70k		81r	99g	85b
0c	10m	50y	0k		255r	226g	146b
50c	10m	60y	0k		136r	184g	134b
0c	30m	10y	0k		249r	191g	198b

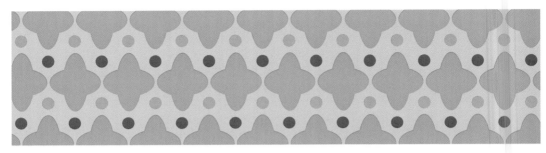

0c	65m	40y	0k		243r	123g	125b
0c	10m	20y	60k		129r	117g	105b
0c	15m	50y	20k		210r	180g	120b

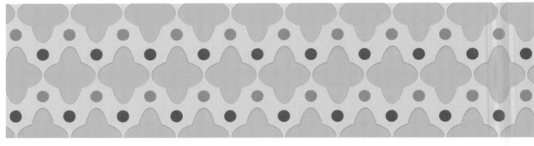

0c	45m	70y	0k		248r	158g	93b
0c	10m	30y	60k		129r	116g	95b
40c	20m	0y	20k		125r	152g	187b

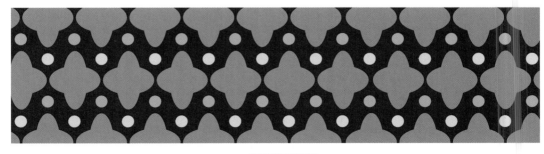

60c	30m	0y	0k		102r	154g	210b
0c	25m	20y	0k		251r	201g	188b
0c	55m	40y	0k		245r	142g	132b

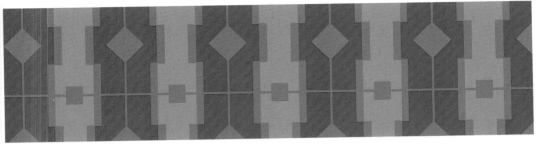

```
15c   70m   20y   30k          158r   81g   110b
45c    0m   30y   20k          115r  174g   161b
```

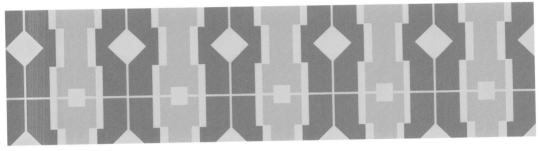

```
80c   10m   10y    0k            0r   170g   211b
15c   25m   60y    0k          218r  186g   122b
```

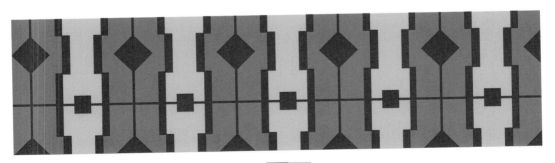

```
40c    0m  100y   30k          121r  154g    40b
 0c   45m   40y    0k          247r  160g   139b
```

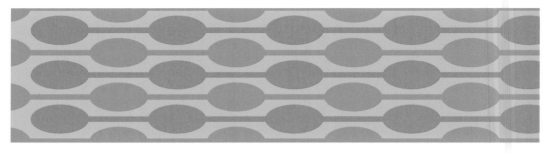

65c	0m	40y	0k		76r	192g	173b
40c	45m	10y	0k		159r	141g	180b

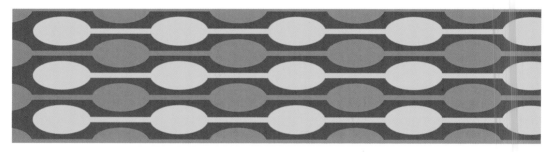

10c	70m	30y	0k		220r	111g	134b
0c	25m	69y	0k		254r	196g	103b

45c	0m	0y	0k		126r	211g	247b
27c	0m	30y	0k		187r	223g	192b

0c	30m	30y	70k		108r	81g	71b
0c	0m	60y	0k		255r	246g	133b
0c	45m	30y	0k		247r	161g	154b
45c	10m	10y	40k		91r	130g	146b

0c	80m	80y	30k		179r	66g	45b
0c	45m	70y	0k		248r	158g	93b
0c	25m	50y	0k		253r	198g	137b
0c	10m	30y	0k		255r	228g	184b

0c	30m	40y	60k		127r	95g	76b
5c	20m	50y	0k		240r	203g	141b
30c	0m	10y	10k		158r	203g	208b
10c	65m	40y	0k		221r	119g	125b

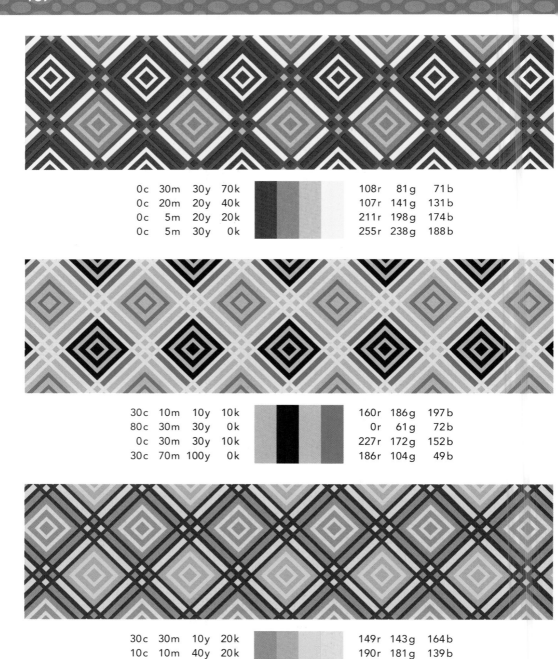

0c	30m	30y	70k
0c	20m	20y	40k
0c	5m	20y	20k
0c	5m	30y	0k

108r	81g	71b
107r	141g	131b
211r	198g	174b
255r	238g	188b

30c	10m	10y	10k
80c	30m	30y	0k
0c	30m	30y	10k
30c	70m	100y	0k

160r	186g	197b
0r	61g	72b
227r	172g	152b
186r	104g	49b

30c	30m	10y	20k
10c	10m	40y	20k
10c	10m	60y	0k
15c	0m	0y	10k

149r	143g	164b
190r	181g	139b
232r	215g	129b
192r	217g	230b

20c	100m	50y	30k		149r	15g	67b
20c	100m	50y	0k		200r	33g	93b
10c	65m	30y	0k		221r	119g	138b
25c	0m	50y	20k		162r	185g	130b

45c	10m	10y	20k		114r	161g	180b
0c	45m	30y	0k		247r	161g	154b
0c	10m	60y	0k		255r	224g	127b
60c	40m	30y	60k		55r	70g	81b

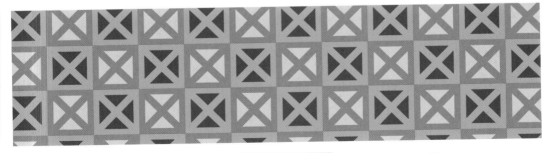

60c	90m	0y	0k		127r	64g	152b
50c	50m	0y	0k		135r	129g	189b
20c	20m	0y	0k		199r	196g	226b
0c	60m	60y	0k		245r	132g	102b

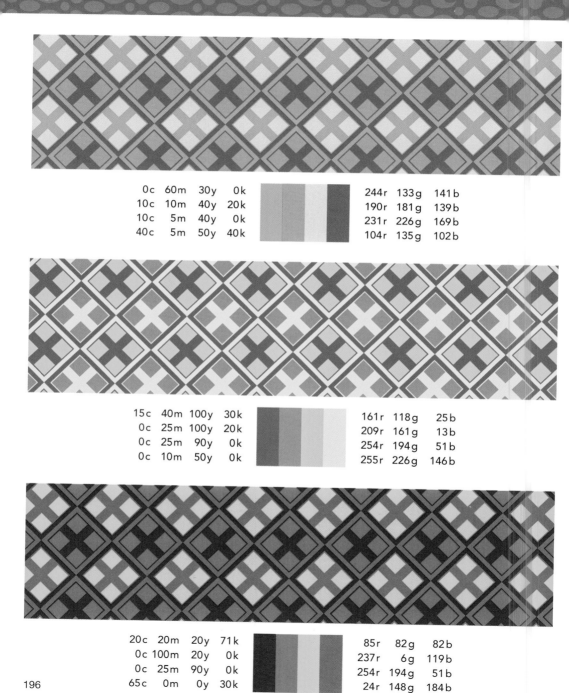

0c	60m	30y	0k		244r	133g	141b
10c	10m	40y	20k		190r	181g	139b
10c	5m	40y	0k		231r	226g	169b
40c	5m	50y	40k		104r	135g	102b

15c	40m	100y	30k		161r	118g	25b
0c	25m	100y	20k		209r	161g	13b
0c	25m	90y	0k		254r	194g	51b
0c	10m	50y	0k		255r	226g	146b

20c	20m	20y	71k		85r	82g	82b
0c	100m	20y	0k		237r	6g	119b
0c	25m	90y	0k		254r	194g	51b
65c	0m	0y	30k		24r	148g	184b

70c	30m	60y	40k		57r	99g	83b
25c	0m	90y	20k		165r	182g	56b
0c	0m	25y	0k		255r	251g	204b

60c	60m	10y	40k		80r	74g	113b
40c	25m	60y	0k		163r	169g	125b
0c	15m	70y	0k		255r	215g	105b

100c	50m	0y	0k		0r	113g	188b
60c	0m	0y	0k		68r	200g	245b
15c	0m	0y	0k		212r	239g	252b

80c	35m	10y	0k		34r	138g	188b
10c	60m	60y	10k		202r	116g	93b
70c	0m	0y	70k		0r	85g	110b
0c	0m	50y	0k		255r	247g	153b

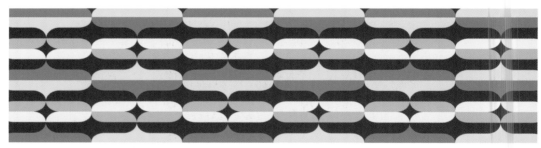

80c	0m	100y	0k		13r	177g	75b
35c	0m	100y	0k		179r	211g	53b
5c	0m	40y	0k		244r	243g	174b
0c	15m	70y	0k		255r	215g	105b

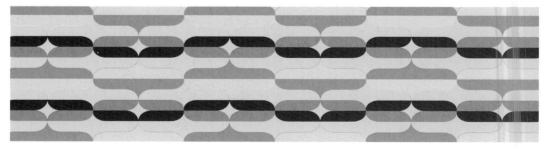

35c	0m	10y	30k		120r	165g	172b
0c	0m	60y	80k		88r	85g	41b
0c	20m	0y	40k		165r	142g	155b
0c	0m	50y	10k		235r	224g	140b

10c	65m	40y	0k		221r	119g	125b
11c	0m	50y	0k		231r	236g	154b
50c	10m	0y	60k		56r	98g	123b
0c	15m	20y	20k		209r	183g	166b

0c	100m	20y	0k		237r	6g	119b
0c	45m	10y	0k		246r	162g	182b
0c	20m	5y	0k		251r	212g	218b
0c	30m	30y	80k		87r	63g	55b

45c	25m	40y	40k		98r	113g	105b
5c	0m	40y	0k		244r	243g	174b
35c	0m	0y	20k		131r	184g	208b
0c	0m	20y	20k		212r	208g	179b

60c	30m	0y	10k		93r	141g	192b
70c	0m	0y	70k		0r	85g	110b
0c	5m	30y	10k		232r	216g	172b
0c	40m	80y	40k		164r	111g	46b

50c	0m	60y	40k		85r	135g	94b
70c	0m	0y	0k		0r	192g	243b
0c	0m	80y	30k		192r	181g	62b
5c	0m	30y	0k		243r	244g	193b

0c	30m	0y	30k		184r	144g	164b
0c	60m	0y	60k		125r	65g	94b
0c	0m	10y	10k		232r	229g	211b
0c	0m	40y	40k		170r	165g	118b

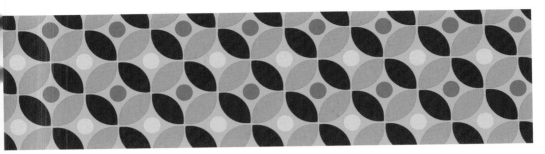

50c	80m	20y	40k
80c	30m	0y	0k
20c	40m	0y	10k
0c	0m	60y	10k

97r	51g	93b
0r	145g	208b
181r	146g	185b
236r	223g	122b

20c	10m	20y	0k
20c	20m	20y	20k
10c	60m	70y	0k
80c	0m	40y	10k

204r	211g	201b
169r	163g	161b
223r	127g	89b
0r	166g	158b

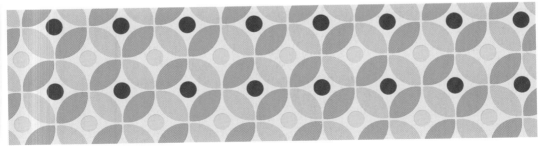

35c	10m	20y	0k
25c	30m	80y	40k
10c	60m	0y	0k
0c	0m	80y	10k

166r	199g	199b
129r	80g	46b
219r	130g	181b
237r	221g	74b

60c	50m	10y	40k			77r	84g	119b
60c	0m	0y	0k			68r	200g	245b
0c	50m	100y	0k			247r	147g	30b
0c	10m	60y	0k			255r	224g	127b

10c	10m	10y	10k			205r	201g	200b
60c	0m	75y	10k			108r	192g	113b
0c	70m	90y	0k			243r	112g	50b
50c	50m	50y	50k			82r	74g	72b

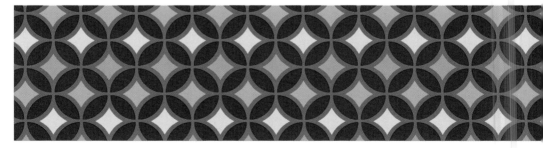

40c	30m	0y	0k			152r	165g	212b
15c	0m	10y	80k			73r	83g	82b
12c	0m	5y	5k			203r	226g	228b
15c	10m	60y	10k			200r	192g	118b

0c	65m	100y	0k		244r	121g	32b
0c	50m	100y	0k		247r	147g	30b
0c	5m	30y	0k		255r	238g	188b
60c	60m	60y	60k		60r	53g	51b

70c	70m	30y	10k		96r	87g	124b
20c	0m	90y	0k		214r	224g	65b
0c	0m	20y	0k		255r	252g	213b
0c	70m	25y	0k		242r	114g	140b

70c	30m	60y	40k		57r	99g	83b
25c	0m	90y	20k		165r	182g	56b
15c	0m	30y	0k		218r	235g	193b
0c	0m	25y	0k		255r	251g	204b

| 40c | 0m | 50y | 10k | | 143r | 191g | 142b |
| 60c | 0m | 60y | 30k | | 74r | 146g | 106b |

| 10c | 60m | 60y | 10k | | 202r | 116g | 93b |
| 10c | 0m | 40y | 0k | | 209r | 216g | 159b |

| 0c | 0m | 50y | 30k | | 192r | 184g | 116b |
| 30c | 0m | 0y | 20k | | 142r | 187g | 208b |

60c	0m	10y	10k		72r	181g	205b
80c	30m	0y	10k		0r	132g	190b

30c	40m	70y	0k		185r	151g	101b
0c	10m	60y	0k		255r	224g	127b

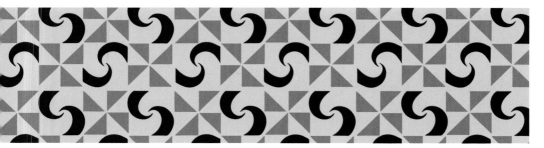

20c	80m	10y	0k		200r	87g	147b
0c	80m	80y	80k		84r	16g	0b

60c	80m	0y	10k		113r	73g	147b
0c	0m	30y	10k		234r	227g	177b

30c	80m	0y	10k		163r	77g	146b
10c	20m	30y	10k		206r	183g	160b

30c	10m	55y	10k		167r	182g	128b
10c	20m	80y	10k		209r	178g	75b

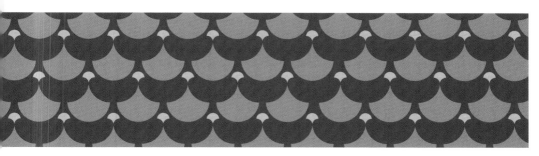

| 0c | 40m | 70y | 20k | | 206r | 139g | 79b |
| 0c | 0m | 40y | 20k | | 213r | 206g | 146b |

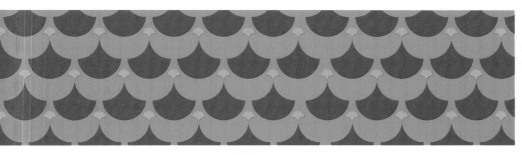

| 60c | 40m | 70y | 20k | | 101r | 115g | 87b |
| 20c | 20m | 20y | 10k | | 185r | 177g | 175b |

| 0c | 40m | 0y | 10k | | 222r | 157g | 187b |
| 0c | 0m | 20y | 20k | | 212r | 208g | 179b |